No se trata de otra estúpida historia de amor

Conozcamos la realidad de cada tipo de amor y su propia dependencia

Alba Lisseth Katia

EDIQUID

NO SE TRATA DE OTRA ESTÚPIDA HISTORIA DE AMOR
Conozcamos la realidad de cada tipo de amor
y su propia dependencia
© Alba Lisseth Katia

Editado por: Corporación Ígneo, S.A.C.
para su sello editorial Ediquid
José Olaya 169, ofic. 504, Miraflores. Lima, Perú
Primera edición, julio, 2024

ISBN: 978-612-5160-10-2
Tiraje: 50 ejemplares

Hecho el Depósito Legal en la Biblioteca Nacional del Perú N° 2024-06325
Se terminó de imprimir en junio del 2024 en:
ALEPH IMPRESIONES SRL
Jr. Risso Nro. 580 Lince, Lima

www.grupoigneo.com
Correo electrónico: contacto@grupoigneo.com | Teléfono: +51 955 071 270
Facebook: Grupo Ígneo | X: @editorialigneo | Instagram: @grupoigneo

Colección: Integrales

Contenido

Cómo se creó el libro

Cuando siento hormigueos en mis dedos, las ganas de escribir me vuelven loca y así comienza este primer libro que escribo, el cual está dedicado al amor, pero no el amor romántico del que todos hablan, ese sobajeado amor dulce y aburrido. Hablaremos de sentimientos reales, de sensaciones ocultas, de lo profundo del alma, de las relaciones tóxicas, de los patrones, de la manera en que influyen nuestros familiares en toda nuestra cadena de vida, aprenderemos a *entendhernos* y a comprendernos a nosotros mismos.

No pretendo, en absoluto, cambiar sus pensamientos, ni que adopten los míos, quiero contarles experiencias que, con seguridad, también han vivido o estén viviendo. *Entendheremos* que no estamos solos en las cosas que nos han pasado y que, por supuesto, todo sucede como debe suceder, que nada es al azar y que de cada experiencia de vida debemos aprender una enseñanza nueva y transmitirla a nuestros hijos e hijas, padres, madres, abuelos, abuelas, etc.

Además, no es tan solo un tonto libro de cuentos románticos y consejos de superación; también hablaremos de las experiencias astrales que podamos tener al conectarnos con nosotros mismos. Tampoco quiero, ni pretendo incentivar al consumo de las drogas ilícitas y respeto cada decisión, apreciación y debate respecto de los sentidos y efectos que estas causan en nuestros cuerpos y, de manera responsable, digo que no quiero que hablemos de «drogas». Más que nada les contaré historias y sensaciones basadas en el consumo de «hongos alucinógenos» que en mi libro jamás mencionaré como droga, sino más bien como una medicina curativa natural, entre otro tipo de psicotrópicos con los cuales viví una experiencia. El motivo por el cual deseo contarles estas experiencias es realizar un recorrido por un viaje al interior y visualizar cómo conectar con el yo mismo.

No quiero discriminar al lector de este libro, pero sí destacar que será bien recibido en el género LGTBIQA+, ya que soy parte de esta comunidad, pero, con franqueza, les digo que no me siento identificada con un nombre o un género específico. Además, dentro de estas historias se describen mujeres y hombres del género «heterosexual» o más conocidas en la actualidad como «heterocuriosos».

Cada experiencia vivida en este libro es una experiencia basada en mi vida de forma cercana: qué cosas que vi, sentí, viví o me contaron y de alguna forma fui parte de ella. El libro será un poco volátil ya que me encuentro escribiéndolo de acuerdo con cada suceso e imprevisto que existe en mi vida, teniendo en cuenta que no hay nada más hermoso que el «ahora» y que en base a eso me he inspirado para relatar cada uno de los momentos que se describen.

Conoceremos la forma de amar de muchas personas, sin cuestionar sucesos o la forma de hacerlo, solo comprendiéndolo. Como la literatura nos lleva a otras dimensiones, invito a que el lector se haga partícipe de esta hermosa aventura que es la vida, un regalo pleno que nos entregan día a día en el cual sufrimos de altos y bajos todos los días de nuestras vidas. En esta propuesta literaria, quizá te encuentres a ti mismo y eso es lo que pretendo, llegar a la infancia plena que te tocó vivir y experimentar, lo que fue formando tu propio «yo» o «ser», que vive anhelando la plenitud, la sabiduría y la felicidad, así como todos los seres humanos de esta tierra.

Este libro comenzó con un viaje inspirado en mí y pensando en ti. Con esto quiero decir que cada palabra escrita en este hermoso libro va dirigida, en especial, a tu persona. No creo en las casualidades, pero sí en las causalidades de la vida (estoy segura de que leyeron dos veces la misma palabra, lee con detenimiento y busca su significado). Ya que las casualidades no existen, tu estas aquí por alguna razón, no la misma que la mía ni la de tu entorno, es una razón específica y es a eso a lo que me refiero con «causalidad» y no «casualidad»: podemos haber experimentado mismas vivencias o experiencias, pero te aseguro que con un distinto objetivo. A pesar de esto, existe una energía infinita que nos une los unos con los otros, cada suceso pasa por tu vida ocurre por alguna razón de ser.

Estimado lector: te invito entonces a vivir esta experiencia conmigo, puede que hayamos experimentado cosas similares, pero no supiste sacar provecho de lo que pudo haber sido una experiencia maravillosa en tu vida. Me encuentro escribiendo desde que tengo catorce años de edad; hoy en día con más experiencia y con un nivel profesional, y con entendimiento de la comunicación que hace que me maraville la idea de escribir este libro. Además, encontrarán pequeños extractos de lo que solía escribir en mi juventud adolescente, por esta razón este libro abarca también a un público adolescente y a personas adultas y de todos los géneros que hayan experimentado distintas experiencias en los distintos lapsos de la vida. Una particularidad personal es que me ha tocado vivir bastantes experiencias desde que era una niña y a mi corta edad he vivido situaciones que en una vida «normal», las personas a mi edad no habrían experimentado.

Quizás ya te habrás dado cuenta que la palabra que utilicé al comienzo de este libro está mal escrita. La forma correcta de escribir el concepto *entendher* es sin la h. Estás en lo correcto si reparaste en este error. Lo cierto es que en la antigüedad la palabra *entendher* con h intermedia tenía un significado distinto al de la palabra entender sin esa letra, ya que entender proviene de experimentar, desde la experiencia y no desde la razón. Si no lo hemos experimentado o vivido podemos entenderlo porque, en definitiva, imaginamos que el dolor de perder a nuestros padres debe ser muy fuerte y pensamos qué sería de nosotros sin nuestros padres, pero aún no lo hemos experimentado, ya que ellos siguen vivos. Entonces, es como un dolor imaginario y pasajero y cuando decimos la frase «tranquilo, todo estará bien», en realidad no tenemos la certeza de que será así. Por otra parte, *entendher* con h intermedia es vivir en carne propia lo que ha vivido y experimentado otra persona, la cual comunica y transmite comentarios a través de la experiencia y la vivencia.

Por lo tanto, aquí les hablaré a través de las situaciones que han ocurrido y durante todo el libro se encontrarán con esta palabra que, desde luego, ya no figura en la Real Academia Española (RAE) por la misma razón de que existen muchas palabras en español escritas de similar forma, pero con un distinto significado, lo que evidencia lo complejo que es nuestro idioma. Frente a esta situación, nos vemos forzados a crear nuestras propias jergas y es ahí cuando se pierde el sentido de la comunicación verbal. Este libro se publicará en diferentes países con el fin de conectar con cada uno de los lectores. Por esta razón, me referiré solo a un tipo de lenguaje verbal, el comunicativo y más asertivo para que puedan comprender lo que en realidad quiero transmitir, con independencia del país que seas. Estamos conectados entre nosotros, somos una energía cuántica y estamos más cerca de lo que creemos.

Dedicatoria

Primero, quisiera agradecer a mi propia vida creada por una energía muy grande y desconocida que algunos llaman Dios, universo, energía o ser. También a mi familia, a mis amistades, a mis relaciones amorosas y a las personas que he conocido en el trayecto de esta búsqueda.

A mi familia, que no son familia de sangre y carne pero sí en espíritu; a mis amistades más cercanas y profundas que han aportado conciencia apoyo y amor, quienes han sido un soporte cada vez que decaí; a mis antiguos amores, desamores y presentes, que han hecho de esta experiencia de un aprendizaje profundo, doloroso, intenso pero de alguna forma u otra me han hecho sentir vida; a mi madre por enseñarme la vida y darme a conocer las sombras más oscuras de su pasado como consejo de vida; a mi padre, quien ha tenido un cambio de pensamiento hacia mi persona y por tener el coraje de modificar sus pensamientos arcaicos para agradarme como su hija; a mi hermana por ser mi mejor amiga, mi compañera de vida y mi compañía infinita.

Cada una de las personas que he conocido a lo largo de mi vida han construido un camino inmenso en mi interior; cada palabra, cada vivencia y cada experiencia ha conseguido que la vida se adentre día a día en un mar de experiencias inolvidables. Quiero agradecer a cada persona que he conocido, incluso a aquellas con las que tuve una relación pasajera, ya sea que hayamos conectado un solo día, un par de semanas, unos meses o algunos años. Cada ser es una parte fundamental de la persona que soy hoy, asique si alguna vez me tomo la libertad de escribir algo que me hayas relatado o que comentado es porque el universo quería que te presentaras, justo en ese preciso lugar, en donde me comentaste aquello tan importante que puede haber quedado plasmado en este libro.

Además de dedicarle a cada lector este libro tan preciado, quiero que todos nos sintamos parte de él; tú eres mi principal objetivo de lo que estoy escribiendo, es a ti donde quiero llegar, quiero que te reconozcas, ya sea en lo más lindo de tu ser, como en las más tenebrosas y oscuras sombras. Sin la hermosa experiencia de la vida de cada uno de nosotros, esto no sería posible. Al fin he comprendido que no somos dueños de la realidad y que, en absoluto, todos tenemos nuestro universo en nuestro ser y cada realidad cuenta.

Agradezco a la vida por enseñarme en su camino la posibilidad de poder expresar lo que sentimos y al amor por su camino complejo y misterioso que nos lleva a confundirlo, en muchas ocasiones, por traumas de nuestra infancia. A las decepciones, porque sin ellas no hubiera comprendido que no debemos esperar nada de nadie, sino solo de nosotros mismos. A los caprichos, ya que sin ellos no hubiera discernido que al conseguirlos no se sacian los vacíos que llevamos en el interior. A los patrones familiares, ya que sin ellos no se comprenderían nuestras decisiones; a mis relaciones amorosas, porque sin ellas no hubiera logrado mirarme al espejo de mil maneras posibles; a mis relaciones sexuales, ya que sin ellas no comprendería la energía que se siente al conectar con alguien.

También tengo que agradecer a las vibraciones y a las emociones, ya que con ellas nos sentimos vivos; a los animales, que son los que nos muestran que no debemos hablar para poder comprendernos porque sienten las energías más que nosotros mismos. A los niños, quienes no tienen ningún tabú, ni morbosidad en lo que expresan y perciben las sensaciones; a los ancianos, porque poseen un nivel de sabiduría inmenso; a la soledad, quien me mostró mi mejor versión. Al día y a la noche, a los sueños, a las experiencias, a las sensaciones y a ti por el solo hecho de existir y hacer posible que este libro cumpla su objetivo. El agradecimiento principal de este libro eres tú, ya que tu existencia es fundamental porque cada historia cuenta y eres suficiente para cada página escrita.

Capítulo I
Comenzar de cero

Para comenzar, quiero comentarles una situación particular ocurrida en mi vida mientras escribía este libro. La vida se basa en ir borrando y empezando de nuevo, sea una, dos, tres, cuatro, cinco, seis, siete u ocho veces o más, lo que tengas que comenzar hazlo, utilicemos el tiempo a nuestro favor y las historias de vida vivámoslas como las deseamos vivir.

Hace un par de meses había dejado de escribir porque este libro escritas alrededor de ochenta y cuatro páginas, con todo el sentimiento que implica escribir y expresarse de la mejor forma, explayar nuestros sentimientos, expresar nuestras pasiones y dejar plasmado cómo nos sentimos. Esto es un proceso que no es pasajero. Me encontraba relatando mis historias, aquellas experiencias vividas durante estos periodos, detallando las buenas y las malas decisiones que de alguna forma me han servido como experiencias de aprendizaje, cuando me robaron mi *laptop* y lo perdí todo. Aquello fue como perder una parte de mi identidad que ya había plasmado en esas páginas con cada una de las historias vivenciadas a lo largo de mi vida.

No contaba con ningún tipo de respaldo, solo lo que recordaba mi mente y mis experiencias de vida. Pero resultó que el libro a ratos se parecía más a una biografía donde relato a relato me encontraba detallando mis experiencias de vida, y me di cuenta que conocía muy poco mi interior, por lo que tuve que realizar un par de viajes al interior de mi ser para poder expresarles todo lo que quería contarles.

A lo que quiero llegar estimados lectores es que nada, en absoluto, ocurre por casualidad. Quizás lo que estaba plasmado dentro de mi libro no era en realidad lo que tú querías leer, quizá se transformó en una especie de reseña bibliográfica de enseñanzas, quizás hablé mucho de una persona y menos de otra o mencioné una infinidad de cosas sin sentido. Pero si hoy en día estoy escribiendo esto, justo ahora, es porque debía ser de esta forma.

Otra enseñanza que obtuve de esto es que solía ser una persona que dejaba sus prioridades de lado para poder contener a los demás, es decir, me sentía tan mal y frustrada ante esta situación, me preguntaba, ¿cómo fui tan idiota? ¿Por qué descuidé mi laptop en una camioneta de empresa? ¿No era obvio que me robarían? Tenía un nudo en la garganta y ganas de llorar, sin embargo, en ese entonces decidía dejar de lado mis sentimientos y reprimirlos solo para poder contener los sentimientos y emociones de otras personas. No me permitía llorar o enfadarme por haber perdido este libro, más bien reprimí

mis sentimientos ya que en ese entonces vivía con la mentalidad de que yo era una persona «positiva» y que nada en lo absoluto debía afectarme. Renacer y volver a encontrarme conmigo misma o manifestar sentimientos era demostrar debilidad.

Pero de cierta forma debía pensar así, debía sentirme de esa forma y debía también perder mi libro ya que todo tiene solución y por muy oscuro que veamos los caminos, siempre habrá una forma de solucionarlos ya que al final «la oscuridad es la mejor iluminación que podemos tener».

En este nuevo libro, me encontraré citando frases de otras obras y autores que me hicieron reflexionar mucho y que me inspiraron a escribir. También relataré historias verídicas que me ocurrieron que contienen enseñanzas de vida las cuales puedes utilizar a tu favor. En este libro denominado *No se trata de otra estúpida historia de amor* las historias relatadas se centran en mujeres con las cuales mantuve diferentes tipos de vínculos y los patrones que tenemos cada uno de nosotros desde nuestra infancia, que son representativos en las relaciones y lazos que vamos generando con las demás personas, si lo que estás buscando son respuestas a tus actos y el porqué siempre repites los mismos patrones, encontraste el libro correcto para profundizar desde donde viene ese sufrimiento que te has estado causando a lo largo de los años. Encontrarás respuestas en donde jamás pretendiste buscar, Dios al crear el universo escondió tesoros donde ni la polilla ni el orín pueden corromper, las respuestas que estás buscando, están más cerca de lo que creías que estaban.

Para *entendher* este libro es necesario entender que hay diferentes formas de sentir amor y existen un billón de teorías que enuncian explicaciones sobre si estamos en realidad enamorados, si son caprichos o solo nos obsesionamos con alguien. Con la modernidad puedes hacer test mediante Google para saber si estás enamorado o no de alguien; muchos también han buscado si su relación es buena es mala, es tóxica, es aburrida, es triste; y en, comparación con otras relaciones, cuál es nuestro nivel de «normal» y qué tan «normal» debería ser una relación con una persona. Existen infinidades de estadísticas, incluso un estudio publicado en *Archives of Sexual Behavior,* sobre que las parejas casadas «normales» tienen relaciones aproximadamente una vez a la semana y 51 veces en el año. Cuando comenzamos hacernos este tipo de comparaciones, empezamos a cuestionar nuestra vida afectiva y poniendo en duda nuestras creencias en el amor, este es solo un ejemplo de muchos estudios y tesis sobre el amor verdadero y la relación perfecto o la menos dañina.

Por lo tanto, no es mi intención ser tajante en este aspecto y, sobre todo, en relación a lo que les quiero transmitir, pero desde mi punto de vista no existe una vida sin amor, aunque este se denomine de muchas maneras posibles. No hay que discernir si es o no amor, considero que la gran diferencia está entre que «tipo» de amor es, que «tipo» de sentimientos estamos sintiendo y experimentando y si este «sentimiento» nos hace bien o nos daña la mente y el alma. Pero insisto y sin ninguna intención de cambiar sus pensamientos, pero de forma contundente les digo que el amor es amor, sea cual sea el tipo.

Existe la creencia de que si te ves involucrado con alguien con pasión y sentimientos eso es «amor», pero seamos honestos: hay ocasiones en que no sabemos amar y ese es el problema. La complicación se origina con el amor propio, ese amor que te encanta tener contigo mismo; ahí es donde surgen las incógnitas como: ¿de qué forma voy amar tanto a una persona si no sé amarme a mí? ¿De qué forma cortejaré a alguien si yo no sé cortejarme? ¿De qué forma seré atento con la otra persona si no soy atento conmigo? ¿Cómo voy a querer que me amen sin condición, si yo propongo todas las condiciones para poder amarme?

Es aquí donde nos centraremos, no sin antes contarles las experiencias que tuve que pasar para hacerme estas preguntas que parecen tan sencillas, pero que son muy complejas de poder resolver, ya que implican un trabajo constante. De cada experiencia que se vive se debe adquirir un aprendizaje, de lo contrario volveremos a vivir una y mil veces las mismas situaciones. También me pregunté ¿por qué a mí?, ¿por qué siempre me pasa lo mismo?, ¿por qué siempre doy todo a cambio de nada? Ya sabremos el por qué y deberemos tener cuidado con aquellas frases que repetimos y que nos desequilibran nuestra energía.

Otro de los puntos importantes que quiero plasmarles es el poder de las energías y de la mente. En las historias y relatos también les iré explicando los tipos de energía que podemos transmitir y «robar» respecto de las vibraciones y haremos foco en lo que Nikola Tesla nos quiere transmitir y la constante téslica del 3, 6 y 9 plasmado en muchos libros de energía.

En este texto encontrarán muchas similitudes de pensamientos y creencias, pero con diferentes autores, es decir no me considero una persona que siga un solo dogma, creo con certeza que la verdad no es una sola, sino que la verdad la hacemos todos. En este punto considero importante resaltar la figura de Dios como un ser místico de energía pura y de diferentes representaciones como Buda, Mahoma, Ala, Moisés, Krishna y Jesucristo, entre otros. Los hechos de este libro se presentarán en forma anacrónica con el fin de ir uniendo patrones entre los acontecimientos pasados y actuales.

Capítulo II
Historias random

A lo largo de mi experiencia que llevo en esta tierra, teniendo en consideración que tengo una corta edad, he conocido a varias mujeres, de las cuales estuve enamorada o muy encaprichada, dependiendo como queramos llamarle.

Para explicarles en contexto, durante mi infancia mantuve una cierta distancia con los hombres, esto debido al abuso y violencia intrafamiliar que experimenté desde muy pequeña, donde veía constantemente agresiones físicas y verbales dirigidas hacia mi madre que marcaron una infancia dañada y llena de dudas. Los años formativos hasta que tenemos cinco años de edad son los que determinan en gran parte nuestra formación como personas, y una de estas fue mi orientación sexual, de pequeña y en parte de mi adolescencia sí sentí atracción hacia mi sexo opuesto (hombres); sin embargo, algo en mi interior me decía que todos eran malos y que debía proteger a las mujeres de hombres abusivos, fue por esta formación que me tomo años reconocer mi orientación sexual. Nadie tiene la culpa, probablemente nuestros padres en su niñez o adolescencia también vivieron situaciones similares, las cuales formaron gran parte su adultez. Juzgar a tus padres no es algo que debemos interiorizar, la culpa no es de una persona, lo es de una sociedad compleja. Poco a poco hemos ido avanzando en que la violencia hacia las mujeres es un acto de cobardía y que debe ser penado por la ley, pero hace un par de siglos atrás esto era absolutamente lícito, los hombres acostumbraban a golpear a sus mujeres y esto los hacia respetables, las mujeres vivían con miedo y las relaciones de pareja eran más bien forzosas en muchos ámbitos: por temas económicos, estabilidad o simplemente estatus social.

Dada esta experiencia en mi niñez, cada suceso lo que hacía era acercarme más a Dios, todas las personas que nos sentimos vulnerables buscamos a un ser superior que nos ayude a salir de la situación caótica en la que nos encontramos. Más de alguno se habrá visto rezando, orando o arrodillado frente a la nada, rogando al cielo que lo liberen de situaciones difíciles y fue en mi adolescencia en donde, a raíz de gritos, y desesperación por no poder ayudar a mi madre cuando era maltratada, pedía al cielo que me ayudara a ayudar a mi familia para salir de esa situación.

Cuando este hombre maltratador salía de casa todo era un ambiente de paz, pero bastaba escucharlo tocar la puerta, sentir su olor a marihuana, alcohol y diferentes estupefacientes para que mi estómago se revolviera, para que me temblaran y sudaran las manos por nervios. Es una sensación entre querer vomitar y orinar a la vez, los ataques de pánico son crisis muy complejas de resolver, debemos alejarnos lo más pronto posible de quien genere este tipo de experiencias en nuestro ser, así se ve cuando nos roban energía y se alimentan de nuestros miedos.

Por consiguiente, durante mi adolescencia solía realizar muchas promesas ante Dios cuando me sucedían milagros. Esto quiere decir que al rezar una oración me sentía en deuda con Dios, Jehová, Jesús o Alá, que representaban al ser de energía superior en el que aún creo más que nunca.

Entre tanto alboroto en mi vida, que siempre fue muy caótica, encontré una forma de agradecer a nuestro ser superior que existe dentro de nosotros asistiendo de manera física a una comunidad evangelista cuadrangular cuyo objetivo era predicar el evangelio de Jesucristo y demostrar que con su sangre se curaban nuestras heridas. Gracias a esto encontré un millón de formas de agradecer la ayuda celestial y divina que tuve en mi niñez y en mi adolescencia. Cabe destacar que mi experiencia antes de este episodio en mi vida siempre fue con hombres, sin embargo, ya había tenido deseos, gustos y desviaciones por personas de mi mismo sexo.

Por circunstancias de la vida que se me habían presentado, me vi en la necesidad de dar gracias por los sucesos que se habían acontecido en mi vida. Mi madre estuvo a punto de morir producto de un disparo en el tórax por el impacto de una bala y al tiempo de este episodio siguieron pasando cosas milagrosas y extraordinarias en mi vida. No creo que todo el mundo se haya percatado de eso en aquel entonces, pero yo sí lo hice. Por ende, tomé la decisión de agradecer este tipo de situaciones que me estaban pasando y encontré una buena solución a esto, que era participar de una comunidad religiosa y asistir a la iglesia.

Recuerdo haber buscado y caminado mucho buscando una iglesia o templo en donde estuvieran orando todo el tiempo. Llegué a una que se encontraba en el centro de mi ciudad, la iglesia correspondía a la corriente evangélica cuadrangular. Hasta ese entonces desconocía que las religiones del evangelismo se dividían en tres (cuadrangulares, pentecostales y adventistas). Hasta las religiones se dividen de sus mismas religiones.

Al llegar al templo nos abrió la puerta la hermana evangelista, quien nos recibió con los brazos abiertos. Aquí existe un punto de inflexión súper importante y es que en ese preciso momento ellos se encontraban orando para que llegaran jóvenes a la iglesia y habían preparado chocolate caliente y comestibles para los que se acercaran al lugar. En ese momento llegamos un amigo y yo y al poco tiempo ya tenía a mis amistades inmersas en este lugar.

Aquí sentí que quedó plasmada la idea de que con la energía que poseemos las personas podemos atraer y alejar personas. Esta premisa, en la teoría cristiana, está representada en las palabras de Jesús donde dice: «de cierto, de cierto os digo... donde estén dos o tres congregados en mi nombre... he aquí, allí estaré yo en medio de ellos, así como estoy yo en medio de vosotros» o en la denominada «ley de atracción». La energía es tan poderosa que podemos tener lo que queramos, cuando queramos y como queramos ya sea materializados en personas, bienes, dinero, paz, amor, sabiduría e infinidades de cosas si solo nos centramos en la energía y confiamos en ella. ¡El cristianismo habla de la energía que llevamos dentro como el «Espíritu santo» y lo es por supuesto que sí!

Lo que quiero que aprendamos es que, en definitiva, todos los caminos se unen: «Nos dividimos con las mismas verdades disfrazadas de otro color». Y debatimos entre nosotros sobre quién tiene la razón o no, sin embargo, como les comenté al comienzo de este libro, la verdad no es solo una, sino que todos somos la verdad.

Recuerdo que la pastora me miró a la cara y me preguntó por qué yo me hacía una estrella en el rostro a lo que yo respondí que me lo hacía desde los 11 años de edad (en ese entonces tenía catorce años) y la verdad era que seguía una moda usada por los integrantes de las tribus urbanas, y que me gustaba vestirme con estilos a la moda, a lo que ella me comentó que no me lo hacía por este motivo, lo que me obligó a reflexionar sobre el por qué ella creía saber lo que yo sentía. Fue en ese entonces cuando me mencionó que la luna brillaba a través del sol y que las estrellas tenían luz propia, de hecho, hasta el mismo sol era una estrella. Fue cuando comprendí que no necesitamos de nadie para brillar y debemos ser una estrella en el cielo; todos tenemos una luz interna propia que brilla inclusive en la oscuridad y de eso debemos aferrarnos día a día. Su argumento fue tan satisfactorio para mí que terminé tatuándome el rostro, en la esquina de mi ojo izquierdo tengo una estrella de cinco puntas tatuada, la cual significa mucho para mí. Además, yo le comenté a la Pastora de ese entonces que no me sentía preparada aún para ingresar a una iglesia y dejar atrás toda mi vida por un cambio radical que debía enfrentar, me opacaba la idea de que me prohibieran el cigarrillo, el alcohol, las fiestas y, sobre todo, las mujeres.

En respuesta a esta aberración, para una Pastora de una iglesia, me indicó que todo tiene su tiempo y citó un versículo del Eclesiastés que significó mucho para lo que quiero transmitirles en este libro:

Todo tiene su tiempo, y todo lo que se quiere debajo del cielo tiene su hora. Tiempo de nacer y tiempo de morir; tiempo de plantar, y tiempo de arrancar lo plantado; tiempo de matar, y tiempo de curar; tiempo de destruir, y tiempo de edificar; tiempo de llorar, y tiempo de reír; tiempo de endechar, y tiempo de bailar; tiempo de esparcir piedras, y tiempo de juntar piedras; tiempo de abrazar, y tiempo de abstenerse de abrazar; tiempo de buscar, y tiempo de perder; tiempo de guardar, y tiempo de desechar; tiempo de romper, y tiempo de coser; tiempo de callar, y tiempo de hablar; tiempo de amar, y tiempo de aborrecer; tiempo de guerra, y tiempo de paz.

Por lo tanto, los tiempos de cambios no eran para mí, en ese entonces estaba aprendiendo cosas nuevas e ideologías nuevas y comparado con la ciencia es exactamente lo mismo, los estudios psicológicos conversan muy bien con la Biblia, creo que más de algún lector debe haber asistido al psicólogo o psiquiatra. Esto es cultura moderna. Antiguamente la gente leía la Biblia, pero ahora esta se estudia y se traspasa su enseñanza mediante libros, por lo tanto, todo lo que nos mencionan siempre los profesionales es el «tiempo»: darse un tiempo para uno mismo, dedicar más tiempo a su pareja, dedicar tiempo a sus amigos, dedicar tiempo a su familia, todo se trata de tiempo y los tiempos de Dios son perfectos. No siempre estaremos igual, en ocasiones estaremos felices, en otras tristes, eufóricos o ansiosos y a lo que refiere el texto bíblico es que hay tiempo para todo y a lo que se refería la pastora es que yo iba a mejorar, pero para mí misma y dentro del tiempo que fuera necesario. Esta fue una de las enseñanzas más bonitas que aprendí, con esto comencé a respetar mis tiempos y a agradecerlos, buenos o malos, eran parte del proceso.

En ocasiones nos aferramos tanto a la idea de concretar algo o de mantener algo que nos hace daño, ¿Qué provecho tiene el que trabaja, de aquello en que se afana?».

que a veces nos esforzamos fingiendo que funcionará. Lo que quiero explicarte es que, aunque te esfuerces, la resolución final está escrita y las cosas deben pasar tal cual sucedan, ya que esta es la única forma que podamos *entendher* nuestro paso por esta vida y las enseñanzas de ella. Nos afanamos a personas, cosas incluso a nosotros mismos.

Supongamos que crecemos sobreprotegidos por nuestros padres y que nunca conocimos el miedo y de pequeños nunca sufrimos miedo de caernos porque contábamos con todas las protecciones en nuestra cama. Nunca nos enteramos el significado de quemarnos con algo caliente porque nunca lo sentimos, o nunca nos dejaron caernos o lastimarnos las manos o las rodillas al tocar el suelo. ¿Qué generaríamos? Generaríamos, de manera automática, respuestas ilógicas y sentimientos de terquedad que nos llevarían a caernos, a quemarnos, a herirnos sin conciencia de lo que estamos haciendo. Por eso uno de los sentimientos más importantes para crecer es el miedo; si no tenemos miedo a caernos hay grandes probabilidades de que nos caigamos. Con el amor nos pasa lo mismo, si no aprendemos a caernos, a golpearnos, a quemarnos y a lastimarnos, jamás llegaremos al verdadero amor o al amor que buscamos: al amor propio.

Cada persona que se presenta en la vida de nosotros es por un motivo en particular y es por este motivo que es muy malo renegar de las relaciones pasadas y decir «él o la chica anterior era demasiado torpe para mí o bien demasiado extrema, me hizo daño e infinidades de otras cosas». Esa persona te enseñó, te acompañó, fue tu compañero o compañera de vida, te conoció, te soportó e hizo muchas cosas por ti, no por nada la elegiste. Por muy mala que haya sido esa persona o por muy mal que la hayas pasado, debes aprender a valorar cada instancia de tu vida y sacar la mejor enseñanza de cada persona que conoces. No todos los individuos son iguales, nada es igual a otra cosa, ni una sola ola del mar es la misma que los miles de anteriores que ocurrieron antes. Cada una tiene similitudes, pero existen pequeñas cosas que de igual forma las separan. Solo agradece y no te aferres a algo o a una persona, ella o él pasó por tu vida, así como debía pasar y es por esa razón que te encuentras leyendo este libro. Gracias a esa persona estás leyendo este texto y te sientes identificado con esta historia. Predicar cosas buenas es lo mejor que podemos hacer y ese es el objetivo de este libro.

Para continuar con la historia durante mi estadía en la iglesia, jamás fui una de esas chicas que no fumaba, no bebía o no salía de fiesta con mis amigos, al contrario, me encantaba ser la oveja rebelde del clan y al salir de la iglesia prendía un cigarrillo o bien me iba a bailar con mis amigos. Jamás dejé de ser yo y eso es importante.

Yo solía ir a la iglesia con un chico el cual era bastante simpático y atractivo, me gustaba pasar tiempo con él porque me hacía reír, hablábamos mucho de la biblia y me enseñaba a estudiarla. Siempre me ha gustado la lectura y *la biblia es un libro que no se lee, sino más bien que se estudia.* Al poco tiempo estrechamos lazos y éramos como hermanos en sangre cristiana; luego comencé a tener sentimientos hacia él. Me atraía la forma en que conversaba y explicaba las cosas, era muy inteligente. Yo era muy curiosa y siendo una niña me enamoraba la idea de vincularme con este hombre alto, moreno, con carácter, manos grandes y una simpleza para conversar de lo que sea. Además, había tenido una vida muy compleja, había salido de la cárcel y fue en esa iglesia donde conoció a Dios.

Al poco tiempo me pidió que fuéramos novios (pololos le decimos en Chile) a lo que yo, de forma alocada, contesté que sí. Pasábamos las tardes juntos, estudiando y besándonos, pero jamás sentí el deseo de tener sexo con él, de hecho, era un tema que siempre evadía. Recuerdo que una tarde ofreció llevarme a la iglesia en su moto, yo lo esperé en mi casa como de costumbre, en un momento lo veo llegar con una muchacha, de pelo claro y ojos verdes que media alrededor de 1,60 de altura, delgada y labios gruesos. Pensaba que era una amiga, pero al llegar me comenta que es su hermana pequeña y que ella tenía la misma edad que yo.

Era una mujer un poco extrovertida, que se molestó al verme con su hermano y que con el objeto de llamar mi atención hacía monerías y me hacía sentir mal. Yo pensaba que debía ignorarla, omitir sus comentarios, pero se repetían una y otra vez sus bromas y desaires. Un día mi ex novio me pidió que la acompañara a la iglesia solo a ella, ya que él no podía asistir, había un evento ese día en donde venía un pastor de otra país, su nombre era Serafín Contreras, pastor venezolano muy importante en el mundo del evangelio, a dar un testimonio importante. Se prepararon las mesas con sus manteles y se acomodaron las sillas para los invitados. Tuve que trabajar junto a ella y fue en ese entonces, preparábamos la mesa para los invitados de otras congregaciones, aseábamos los baños y adornábamos las cortinas del templo, cuando recuerdo que ella se sentó en mis piernas como una manera de jugar conmigo, me miró y le dije que me hacía sentir incómoda a lo que ella me respondió:

¿Por qué? Tú haces siempre esto con mi hermano,
¿por qué razón te sientes incomoda conmigo?
Si al final todos somos «hermanos» ante Dios.

Como les comenté al inicio de esta historia, ella era una mujer muy extrovertida, yo en ese tiempo no sabía ligar con mujeres, ya que solo era una fantasía en mi mente, la cual hasta ese entonces jamás logre concretar, cuando ella me preguntó esto, yo me sonrojé mucho y quería que se retirara de mis piernas ya que **¡Estábamos en una iglesia!** y, en realidad, estaba experimentando sensaciones muy extrañas; sentía una sensación de calor y excitación y unas ganas de tocarla inmensas. Ella era una muchacha muy guapa en ese entonces y entendí que si me celaba no era solo por su hermano, era porque entre las dos habíamos sentido una conexión única. Cuando le comenté lo que me estaba pasando se lo dije en una forma graciosa: «Me estás excitando, ¿podrías bajarte de mis piernas?» a lo que ella me miró, sonrió y se sentó con las piernas abiertas mirándome cara a cara y me preguntó: «¿Estás segura de ello?» Yo me levanté muy rápido de la silla y me fui al baño, me mojé el rostro y no estaba segura de lo que estaba pasando. Confundida e impresionada decidí irme a mi casa y estuve todo el día pensando en ella. Era algo que no había sentido antes, cuando todo el mundo hablaba de sexo, era la única a la cual no le llamaba la atención, ya que hablaban de chicos y no de chicas y en mi mente no era gran cosa acostarse sexualmente con un hombre, a esa edad ya había descubierto que mi orientación sexual y no fue algo que me ocurrió en un largo tiempo de conocerla, más bien fue en un instante lo que ambas sentimos. **«A veces existen personas que nos pueden hacer sentir en un minuto lo que otras no pudieron en meses».**

Cuando hablamos de conexión, ni siquiera tiene que ver con conocer a alguien, es sentir que con esa persona nos conocemos de otras vidas. El problema de este tipo de conexiones es que puede pasarnos con «cualquier» persona y ese es el dilema. En este caso ella era hermana de mi novio y mi hermana ante la iglesia; además, era de mí mismo sexo que comprenderán que, dentro de una iglesia, era aborrecido. Por lo tanto, lo que sentía esta en lo absoluto prohibido, pero era demasiado real. Me estaba pasando justo en ese preciso momento: no lo pedí, no lo busqué, solo pasó.

Ahora bien, por supuesto no era la primera vez que sentía atracción por una mujer, me había pasado antes, en la educación primaria, con una amiga, pero era la primera vez que una mujer se me insinuaba de esa manera. Y si me gustó era porque yo lo deseaba desde hace mucho tiempo, y aquí está el problema de nosotras las personas. Tenemos deseos ocultos internos y a la primera circunstancia o situación que se nos presente, nuestros sentimientos florecen de una forma extraordinaria; en ese momento no era amor, solo era un sentimiento de pasión y de preferencias físicas distintas.

Esta situación prohibida, en teoría, terminaría muy mal y eso nos encanta. De cierta forma comenzar algo prohibido es algo demasiado relevante para nosotros, pero analicemos primero: ¿por qué ocurre esto?, ¿por qué los amores prohibidos son, muchas veces, más intensos que los lícitos? Una respuesta puede ser la que deriva de la propia historia. Lo que quiero decir es que, en apariencia, desde nuestra niñez nos tuvieron prohibiendo cosas y eso más nos llamaba la atención. Un ejemplo fue que cuando comencé a fumar cigarrillos a los doce años de edad, mi madre me sorprendió fumando en la esquina de mi casa, cuando la vi en vez de apagarlo, soplé el humo en su cara debido a la sorpresa. Luego de una larga discusión y retos finalmente me dio autorización para hacerlo (estrategia) y adivinen ¿qué pasó?: dejé de hacerlo por la sencilla razón de que ya no me parecía grato. A esta edad no tenemos el equilibrio de nuestras vidas y es por esto que nos torcemos de un lado a otro. Es natural que, hasta los bebés y los niños, al ir creciendo, de manera usual realicen actos que sus padres «prohíben» porque les provoca miedo.

El miedo es provocado por las hormonas que lo conforman; este comienza en la amígdala cerebral liberando la hormona adrenocorticotrópica, la cual estimula a las glándulas suprarrenales para que, al final, produzcan adrenalina. La sensación de adrenalina es como una sensación parecida a la que provocan las drogas creadas por nuestro propio cuerpo humano; lo vemos en los deportes extremos, en las velocidades de los vehículos y hasta en nuestras propias relaciones amorosas. A menudo creemos que los drogadictos solo son aquellos que consumen drogas ilícitas, sin darnos cuenta de que somos capaces de crear droga dentro de nuestro mismo cuerpo y nos hacemos adictos a ella. De ahí nació mi adicción a esta droga y por lo que me enamore muchísimo de ella. ¡Por supuesto! era el miedo inducido y las prohibiciones de hacerlo.

Me enamoré de ella en esos años y realicé una y mil cosas para poder conquistarla. Fue mutuo, nos escapábamos de nuestras casas, nos veíamos a escondidas, no sabíamos el significado de tener relaciones sexuales por lo que solo intentábamos explorarnos, cuando al final rompimos nuestra relación prohibida, le comenté que quería que fuera feliz y que yo iba en contra de sus principios, por lo que debía tener un novio hombre y no una novia mujer, mi mente desde niña fue creada de una forma muy machista, por lo que llegue a ser muy cruel conmigo misma por sentir lo que sentía, me castigué a mí misma con el fin de que ella fuera feliz. A los meses ella quedó embarazada, y me culpo por eso, creía que el mundo se acabaría y que era la única mujer para mí. A ustedes les deben haber pasado situaciones similares, amores de adolescentes, intensos y poco equilibrados. No importa, es parte de la vida, no te asustes, no es el fin del mundo, estás vivo y estás aquí.

Lo complejo se viene más adelante, cuando comienzas a tener relaciones estables y serias donde todo fluye y se convierte en una pareja sólida donde se forman lazos de familia y se comienza a generar dependencia, la cual proviene de la historia que hemos vivido.

Capítulo III
Somos 90 % biología (historia) y 10 % ciencia

Cuando hablamos de biología nos referimos a la ciencia, entendida con todo lo relacionado con los seres vivos considerando una serie de factores como la estructura, el funcionamiento, la evolución, las distribuciones y las relaciones. La teoría en este capítulo abarca todo lo que les vengo explicando en los capítulos anteriores, intentando exponer el porqué de nuestro funcionamiento y nuestra capacidad de enfrentar los diferentes tipos de obstáculos que se nos presentan en muchos tipos de relaciones o también en diferentes tipos de adversidades que nos ocurren día a día.

Lo primero que tenemos que hacer para poder conocernos de verdad es investigar nuestros antecedentes personales, lo mismo si tenemos la intención de conocer a alguien, ya que cuando conocemos a una persona, la aceptamos con su pasado y su presente, el ayer y el ahora. En lo personal he tenido bastantes situaciones en las cuales me he desenvuelto de una forma no adecuada a lo que en realidad quería ser. Les comentaré un par de casos en donde se me presentaron situaciones en las cuales reaccioné de la misma forma en como reaccionaron con mi madre, cuando mi ser espiritual era más pequeño y estaba poco formado.

Lo primero que deben saber es que tener la capacidad de admitir los errores de nuestro pasado nos hace crecer como persona y si, junto a esto, decidimos *entendher* el porqué de estas situaciones, de dónde las aprendimos y el por qué las realizaron de esa forma, créanme que lograrán ser personas espirituales muy honestas consigo mismas, lo que nos permitirá avanzar en el largo camino de nuestro crecimiento personal.

Tal como les comenté en un comienzo, durante mi niñez conviví con un padrastro maltratador, a menudo veía como golpeaba a mi madre. Las agresiones físicas, psicológicas y constantes situaciones de violencia en la vida de un niño o niña quedan grabadas en su mente. Recuerdo muchas situaciones de maltrato animal hacia las mascotas que teníamos con mi hermana, ambientes muy desagradables que me hacían estremecer de dolor de estómago. Pasó el tiempo y a medida que iba creciendo comencé a generar un rechazo hacia los hombres, veía en ellos constantes golpes y en mi mente tenía la percepción de que todos los hombres eran «malos», maltratadores o golpeadores.

Con el tiempo empecé a generar algunos tipos de desórdenes mentales en lo que era bueno y lo que era malo, llegando incluso a culpar en mi mente a mi madre, por provocar situaciones de agresiones con los hombres que ella tenía. Uno de los pensamientos más raros que he tenido fue creer que la única forma en que una mujer te entendiera y respetara era alzando la voz o golpeándola.

El otro pensamiento e identidad que fui formando fueron los famosos «celos», debido a que comencé a creer que estaban dirigidos hacia la persona que amabas con toda tu alma. Veía de manera constante las relaciones en mi familia en donde los celos eran lo principal en una relación. Eran la base los vínculos y la manera en que demostrabas que estabas en realidad enamorado de una persona.

Otra de las creencias que fui adoptando estaba asociada a las carencias; es decir, a la falta de afecto que te obliga a volverte más afectivo con tus seres queridos; la carencia de dinero que hace que estés más preocupado en el futuro; la carencia de cosas materiales que te hace adquirir cosas innecesarias cuando puedes adquirirlas; la carencia de empatía que te hace ser poco empático y requieres, en general, de personas que empaticen más contigo.

La carencia de emociones, te hace guardar las tuyas en el fondo de tu alma y requerir de una persona que te entrega, de forma emocional, lo que no obtuviste. Si careces de cariño lo más probable es que necesites que una persona te entregue mucho amor, si careces de protección por parte de tus padres, lo más probable es que necesites que una persona te brinde mucha protección. Estos son los denominados patrones que empezamos a construir las personas y lo más común es que esto se presenta durante nuestra etapa de niñez, etapa en la cual nos formamos y nos desarrollamos como personas.

Tenemos grandes ejemplos como el de un chico o chica que proviene de una familia adinerada, que jamás le faltó el pan sobre la mesa ni la ropa de vestir y que con seguridad vivió sobreprotegido por sus padres. En este caso es muy probable que carezca de libertad, que quiera que las cosas se le den de forma más difíciles y es por eso que en muchas ocasiones los culpamos y decimos frases tales como: «Si no le faltó nada en la vida, ¿por qué es así?, ¿por qué se viste de esa forma?, ¿por qué es tan desordenado?». Por qué, por qué, por qué. Y la respuesta es porque careció de libertad, de responsabilidades y estuvo desprovisto de los aprendizajes de la vida.

Con el tiempo estos patrones se fueron fortaleciendo. Aún recuerdo mi primera relación la cual duró cinco años; yo en esa época tendría alrededor de dieciséis años de edad y carecía de conocimiento sobre las relaciones y normalicé el aprendizaje de pequeña. No fue en absoluto una mala relación; sin embargo, existían ocasiones en donde yo bebía de manera constante con el afán de pelear con todo el mundo. Mi pareja de ese entonces, la cual hoy en día es mi gran amiga, era mayor que yo y su familia era muy distinta a la mía, por ende, sus reacciones eran por completo diferentes a las mías. Pero ella me entendía, sabía que algo no andaba bien en mí y que las reacciones que generaban celos y agresividades, habían sido conductas adoptadas por mi estilo de vida. Me enamoré en profundidad de ella y proyecté toda mi vida en nuestra relación, sin embargo, no podía avanzar junto a ella si mi pasado me arrastraba en el suelo a volver a vivir las experiencias vividas en mi niñez.

Tener una relación tranquila sin discusiones se me hacía aburrido, en ocasiones, celaba solo para generar una discusión en donde la culpa era toda de ella. Empecé a generar rasgos narcisistas y, más adelante les comentaré la última experiencia que tuve que vivir para darme cuenta de mis carencias en mis relaciones pasadas. La vida es un vaivén y es muy difícil darse cuenta de las cosas sin experimentarlas, sin vivirlas, es por esto que al comienzo de este libro les comentaba que todo lo que vivimos debemos agradecerlo ya que de esta forma estamos formando nuestro espíritu.

Tenía dieciséis años y podía permitir equivocarme en ese entonces, identificarlo y querer cambiarlo; es parte de nuestro proceso de superación y deben saber que no podemos ir por la vida culpando a nuestros padres, familias o pasado para sentirnos tranquilos. Si lo identificamos, algo debemos hacer para mejorarlo, por interés propio y superación personal, ya que si no lo hago es aquí donde se generarán personas con trastornos psicológicos, aspectos psicópatas y narcisistas por excelencia. Esto es creado por patrones de nuestra infancia, nos formaron de esta manera y la vida consiste en romper esos patrones, sobre todo cuando no tienes una familia muy correcta o con muchos valores. Me he puesto analizar a relaciones que duran muchos años y no sufren de celos o enfermedades patológicas, y dentro de este análisis realicé una investigación con sus familias, de cada 10 parejas que vivían felices y duraban años, sus padres llevaban más de 30 años juntos como promedio y de cada 10 parejas disfuncionales, hoy en día les llamamos «tóxicas», sus padres eran separados. Por ende, no luchas contra una relación de pareja, luchas contra tu pasado, no tienes problemas de pareja, tienes problemas de una niñez traumática.

Por lo anterior, cuando tenemos una relación en base a las carencias de nuestro pasado, las relaciones no perduran, ya que al ser carente de algo me hace dependiente de otra cosa, las relaciones deben ser en base al amor, no a carencias y es verdad que existen almas rotas las cuales se unen y crecen en conjunto, pero cuando alguien de los dos se encuentra creciendo más que el otro esto simplemente se rompe.

Capítulo IV
Definiciones y teorías del amor

Pasé por varias relaciones amorosas, en las cuales adquirí experiencias distintas. A lo largo del tiempo conocí a una persona a quien me decidí amar y respetar; me volvió loca su forma de reír en la vida, ella era mi mundo y se transformó en otro espejo más que tenía que ver. Aquí nació un patrón denominado síndrome de la madre o del padre y es que comienzas a encontrarte con personas similares a tus padres y no es el físico lo que te enamora, sino la similitud que tiene con alguno de tus seres queridos. Comencé a querer ayudar a las personas con estas características; si bien la relación andaba bien en muchos aspectos tuvimos un vínculo con el alcohol y con las borracheras de esas que desestabilizan a las personas, cambian sus comportamientos, poniéndolas más agresivas, cambiando la realidad en la que viven y transformándolos en seres incapaces de reconocerse por sí solos. Duramos solo dos años con altos y bajos, aquí intenté de todo para poder lidiar con el alcohol, pero mi punto de inflexión fue cuando le pregunté si en realidad me amaba tanto como me decía, que lo demostrara dejando el alcohol, ya que era en exceso y solo discutíamos cada vez que bebía, a lo que me respondió que no lo dejaría, que bebería, aunque sea un poco durante la semana, pero no lo haría por completo. Fue la señal para rendirme ante esa relación. Las personas deben cambiar o mejorar cuando ellas se lo proponen, porque cuando no identificamos nuestras carencias por nosotros mismos, es difícil que logremos darnos cuenta de lo verdaderamente mal que actuamos con nosotros mismos al tomar malas decisiones y «creer» que estamos bien.

No hay peor ciego que aquel que no quiera ver.

Luego de una ardua y dolorosa separación comencé a cuestionarme por qué comencé a atraer personas así a mi vida y lo peor de todo es que yo no estaba ayudando en nada. Al contrario, fue un juego frustrante querer socorrer a alguien que amas, sin embargo, no podemos ya que cada uno debe ayudarse por sí solo y si no somos capaces de darnos cuenta de nuestros errores y faltas, seremos incapaces de ayudar al de al lado. Comencé a recordar que, en mi pasado, cuando era más pequeña, me pasaba horas limpiando vómitos y botellas de alcohol producto de las borracheras de mi familia. Cada vez que se realizaba alguna fiesta en mi casa, aquella terminaba con golpes, llantos, insultos y vidrios quebrados.

Tenía constantes dolores de estómago que me generaron a lo largo de mi vida esofagitis que provocaba que mi cuerpo generara muchos jugos gástricos producto del estrés, lo que me producía una acidez enorme. Esta relación me pareció sublime y comencé a dar todo de mí, dejando de lado mis prioridades; pasé de convertirme de una narcisista a una dependiente emocional. Cuando la miraba a ella yo veía a mi tía, que en los próximos capítulos les comentaré el suceso que generó este familiar en mi vida al verme nacer. Hasta ese entonces aun no lo veía, me frustraba cuando terminada conmigo y sus celos me descompaginaban mi ser. Tuve dos relaciones muy similares, cada vez en mayor intensidad y con más cercanía a mi propio pasado.

Yo era una mujer poco espiritual y sin un entendimiento de mis relaciones que comenzó a sentir celos e inseguridades, lo que me hizo cambiar a lo largo del tiempo que estuvimos juntas. Sin embargo, ella comenzó con un comportamiento igual. Por lo general, me consideraba una persona que podía aguantar mucho y no terminar algún tipo de relación, porque siempre tenía la esperanza de que funcionara. Sin embargo, esto habla de la clara falta de amor propio que tenía en ese entonces; primero los celos no son muestras de amor, son muestras de inseguridades proyectadas en otras personas. Los extremos nos terminan matando y cuando ya no te sientas a gusto en una relación debes alejarte ya que los procesos de sanación son todos distintos.

Recuerdo que en ese tiempo mi sanación fue sacar un clavo con otro clavo lo que al principio me ayudó bastante, pero luego con el tiempo comprendí que me sentía un alma vacía, que generaba sentimientos y síntomas de una dependencia emocional. No podía estar sola, era algo fatal y producto de esta situación me dediqué un año de fiestas, *after*, alcohol y mujeres. De mantener relaciones estables por casi siete años de mi vida pasé a una vida de soltera sin compromiso-

Lo que me ayudó fue ver que, en definitiva, podemos hacer lo que queramos con nuestras vidas, y vivir ese proceso me enseñó a discernir qué era lo que quería y lo que no. Lo que no logré fue establecer una relación conmigo, permanecía proyectando mis más fuertes deseos en una persona y no en mí. Pero tranquilos, era todo parte del proceso.

Recuerdo la última vez que me enamoré de alguien y fue en el momento en que me sentía vacía en ese tiempo de alcohol y fiestas. Al conocerla, me volví a sentir en medio de un vacío interminable de falta de amor propio.

Existe un artículo muy interesante que habla de que para poder estar convencido de que quieres a alguien debes responderte seis preguntas. Dentro de mi última relación las respuestas que obtuve de mi parte hacia ella fueron las siguientes:

¿Qué agradezco de ella?

Respuesta: Su sinceridad, compromiso, entrega, sus días buenos, sus días malos, sus enseñanzas, sus caricias, la familia que me hizo conocer, el sentido del amor, las sensaciones, las experiencias, la pasión con la que me abrazó y el amor que me entregó, sea la forma en que sea, en simples palabras. Agradezco su amor a pesar de que no sepa amarme.

¿Qué me gustó de ella?

Respuesta: Su esencia extrovertida, atrevida, pasional, su belleza, su mirada, sus ojos, como habla, como se expresa, como me mira, como me toca, como se deja tocar, como me abraza, como me cuida, como me complace, como cocina, como ordena, como distribuye, como decora, su independencia, su coraje, su corazón, sus besos, sus celos, sus tatuajes, su olor, su vulgaridad en las noches, su timidez por las mañanas, su cuerpo y cada parte de él; sus locuras, su sonrisa y su alma.

¿Qué me gustó de nuestra relación?

Respuesta: Nuestras caricias por las mañanas, nuestros viajes, nuestras risas, la pasión que ponemos en cada detalle, nuestras improvisaciones, nuestros días de flojera, nuestros almuerzos, desayunos y cenas, nuestros días en familia, nuestras relaciones sexuales, nuestra pasión en cada uno de los detalles, nuestra fascinación por cortejar una a la otra, nuestra sinceridad, nuestras salidas juntas, nuestras escapadas a la playa, nuestras reconciliaciones por discusiones absurdas, nuestras confesiones y llantos, nuestro amor propio.

¿Qué cosa agregaría a la relación?

Respuesta: Paciencia, confianza, empatía y más horas durante el día junto a ella.

Te perdono por:

Respuesta: Le perdono por haberme abandonado en mis días malos y por no haberme valorado en mis días buenos.

Te pido perdón por:

Respuesta: Te pido perdón por no confiar en ti, por no estar contigo en los momentos difíciles y por no haber tenido el coraje, la paciencia, el amor y la suficiente sabiduría para sobrellevar esto.

Respondiendo a este artículo, claro que la quise, le había enviado muchas cartas y ya no recordaba ninguna de ellas y es que las cosas cuando no son constantes o mutuas se van opacando hasta que llega el límite que se transforman en cenizas.

Un claro ejemplo de esto es el fuego que encendemos con un carbón en un asadero, lo que se necesita primero es que lo enciendan con tres componentes esenciales: oxígeno, combustible y calor. Ahora, ¿qué pasa después de un tiempo encendido? El carbón empieza a bajar su intensidad y a hacerse ceniza y para que esto no ocurra, debemos añadir más carbón a nuestro asadero o parrilla, revolver con alguna madera y exhalar el aire de nuestros pulmones.

A esto le llamamos la «reacción en cadena» y podemos percibir que incluso Edward Deming, para crear una de sus teorías más importantes para una mejora continua en el ámbito de los negocios, diseñó el ciclo PDCA «mejora continua» a la cual se le llamó el «ciclo Deming» y, en efecto, han funcionado estas teorías porque son las mismas repeticiones de ejercicios. Lo podemos ver en toda nuestra vida: cuando vamos al gimnasio y somos constantes llegamos a ser atletas, fuertes y frígidos, pero cuando una persona se frustra y dice «no puedo» de manera automática visualiza que su energía en definitiva «no pueda» y es ahí donde nos desalentamos, bajamos los brazos y volvemos a nuestra rutina de vida sin frutos y con frustraciones.

Analizando esta teoría y respondiendo a las seis preguntas principales que les comenté, decidí preguntarle esto también a ella mediante un extracto de este libro a su correo electrónico (e-mail), lo cual su respuesta fue la siguiente:

¿Qué agradezco de ella?
R:

¿Qué me gusta de ella?
R:

¿Qué me gusta de nuestra relación?
R:

¿Qué cosa agregaría a la relación?
R:

Te perdono por:
R:

Te pido perdón por:

No recibí ninguna respuesta.

¡Cuál fue el origen de todo esto! En verdad siempre supe cómo eran las cosas, pero mi ego era quien me jugaba una mala pasada. Hay que tener cuidado con el exceso y la locura vinculadas tanto a las personas como a las cosas materiales, ya que en ese afán de atraer este tipo de situaciones, si no las controlamos a tiempo pueden ser caóticas. Sobre este tema les comentaré de manera breve cuál fue el origen de todo y lo que nunca quise mirar.

De cierta forma, siempre existen situaciones que se nos presentan de forma imprevista y no sé si les ha sucedido, pero en ocasiones uno suele decir en el interior de uno mismo: «Ok, ¿si pasa esto es porque me ama, cierto? ¿Qué pasa cuando dudamos de algo? En realidad algo hay y con esto, en absoluto, quiero decir que si dudas de que tu pareja te ame es que no lo hace, pero si te siembra la duda del amor que siente por ti es porque, en definitiva, no lo estamos mereciendo o no nos está reconfortando.

Antes de indagar en mi historia un poco más personal con mi última pareja, quiero que entendamos que todas las personas somos distintas y expresamos de diferente forma nuestro amor. Existen personas que evidencian su amor mediante cosas tangibles, materiales, regalos, etc., mientras que otras somos más basadas en lo no tangible; a menudo regalamos cosas como cartas, composiciones de canciones, cenas románticas y tiempo.

Ahora bien, ¿qué pasa cuando conectamos con dos personas de universos distintos? Empieza a nacer el desconformismo; el yo interior que quiere cosas tangibles versus un yo ajeno que te entrega lo intangible o viceversa. Esto es parte de cada uno de nosotros y debemos *entendher* las diferentes demostraciones de amor hacia nosotros y si no nos reconforta y no nos hace sentir completos, solo debemos optar por otros caminos.

Me emocioné a tal nivel con ella, que los días me parecían que tenían más sentido, me sumergí en su infierno, disfrutándolo. No tuve la más mínima precaución de quemarme por dentro hasta llegar arder por fuera. Era ella a la que yo siempre quise junto a mí y nada ni nadie me la arrebataría de mi lado, así ardiéramos en el mismísimo infierno.

Sentía que la conocía desde antes o, en realidad, tenía que conocerla: intenté indagar en su mente desde el primer día en que la conocí. Sus pensamientos parecían disfuncionales; balbuceaba lo que hablaba y a menudo cambiaba de historias y las contaba de otra manera, pero lo que más me tenía cautivada, de una manera absurda, era que, aunque me contara la misma historia tres veces de diferente forma, yo creía al pie de la letra en las tres versiones, sin poner en duda la anterior. Tenía esa capacidad de convencimiento que tienen algunas personas, al nivel incluso de hacerte dudar de quién en realidad eres. Aquella mujer era de un mundo ordinario igual que el mío y sus historias eran muy similares a las mías. Creo que me sentía viajando hacia el interior de mí misma, mientras más la conocía a ella, más me conocía; a menudo atraemos lo que somos.

Me convencí de enamorarla, me fasciné con sus atributos y dejé de lado sus innumerables defectos. Yo creí en ella porque sabía de dónde venía todo su lado oscuro y la amé con sus defectos y sus propios demonios, la amé con todo mi cuerpo, mi ser y mi alma hasta el punto en que me convertí en ella.

Éramos de universos diferentes; el suyo se asociaba a lo tangible, a lo material y, de cierta forma, atribuía eso a su pasado a la carencia de estas cosas a las que ahora podía acceder. Y me volví consentidora, aunque siempre lo he sido, este fue el extremo de mi vida. Cambié tanto que de cierta forma me convertí en su universo, cuando intentaba hacer gestos típicos de mi persona, sentía que le encantaba, pero no la convencía. Tenía la necesidad de poder tocar su universo y de que la hicieran sentir segura y créanme la gente de mi tipo no damos seguridad, vivimos acariciando la locura y bordeando el romanticismo casi de teleserie. Yo sabía que seguir siendo de esa forma, como lo había hecho antes, no iba a resultar esta vez. Me encontraba con una mujer que necesitaba todo lo que nunca tuvo, una figura de protección como la de su padre, una figura de comprensión como la de su madre y una figura de empatía como la de su club de amigas, el cual no existía.

Al comienzo me mantuve firme y empecé siendo yo y me convencí de que era lo que quería, como lo hace un niño que es pequeño y se fanatiza con un juguete y si le dices que se porte bien, lo hará solo para conseguirlo. En eso me convertí. No puedo precisar el momento en que empecé mi transformación hacia su universo, solo sé que yo misma me propuse hacerlo, entendía que de eso se trataba darlo todo, pero casi nadie se dio cuenta de ello, lo que para nosotros es forzoso para otras personas solo es más común de lo que crees y, en teoría, ya dejaste de ser tú y dejaste de brillar y decidiste verte de forma ordinaria ante los demás, solo con el fin de que ella te viera.

De manera sutil se comienza con preguntas ordinarias con la finalidad de saber qué es lo que más le gusta y poder otorgarlo, esto no es malo dentro de una relación y no estoy diciendo que no lo hagan, solo que no se desvíen: «dichoso es un rio o un mar con el agua precisa, de otra manera esto sería un caos». Me di cuenta que en alguna parte de su vida ella había pertenecido a mi universo; sin embargo, ya no estaba ahí, se había perdido en otros universos más comunes, se convirtió en mujer y la madurez que reflejan algunas personas es la apariencia de tener y obtener todo lo que tienen las personas comunes y ordinarias. Comencé a someterme de manera mental en el reto de poder darle lo que necesitaba y en base a lo que siempre me comentaba, hablando de sus experiencias y antiguas relaciones, hice una lista mental de las cosas que habían ocasionado sus rupturas.

La primera historia que me comentó fue que su última relación no la sostenía de manera económica, que casi nunca viajaban y que había perdido su trabajo, que se sentía que estaba con un hombre mediocre y que necesitaba más para crecer en sus días. El primer detalle que no reparé fue el hecho de que estaba refiriéndose mal de su ex pareja, está claro que haría lo mismo conmigo. Entonces adivinen qué hice, comencé a compensar situaciones con cosas materiales a tal nivel que cada vez que teníamos una discusión llegaba con algún obsequio, no con el fin de manipular nada, sino más bien con la intención de poder compensar los vacíos que ella misma me había comentado.

El segundo detalle era sobre la estabilidad emocional, el centrarse en una familia y que a ella debía ser mi todo en la vida de alguien, de lo contrario le parecía una muestra de deslealtad y pasaría a ser una persona egoísta, la cual ella misma insinuaba cuando se refería a una ex del género femenino. Ya adivinarán en que me convertí, en una mujer familiar y ella fue todo para mí, pero jamás se dio cuenta de ello, aunque todos se daban cuenta de aquello.

El tercer detalle era la apariencia física, la cual debía ser llamativa en forma de trofeo para los demás, ya que si alguien se refería mal a su pareja de cierta forma la hacía sentir incómoda: muy viejo, muy bajo, muy alto, muy gordo. Si de manera inconsciente le afectaban este tipo de comentarios o sentirse observada, entonces comenzó a salir con tipos de buena apariencia. Lo que hice fue que, en una de esas interminables separaciones, en mi desesperación por siempre querer recuperarla me basé en este hecho para realizarme un cambio de apariencia. Me teñí el cabello de color azul y me rapé el lado derecho de mi pelo, me compré zapatillas porque en general no le gustaban mis botas que utilizaba, me vestí de camisa y fui a buscarla.

Es curioso, mientras más nos empeñamos en que una persona cambie, más cambiamos nosotros. En general, las parejas al final del día se terminan pareciendo, lo que no nos hace malas parejas, pero cuidemos nuestro ser ya que cuando es mutuo el amor, este florece, pero cuando no lo es, empiezas a perder tu ser. Aquí te darás cuenta de que lo estás perdiendo cuando empiezas a tener innumerables cambios de ánimo, sensaciones de despertarse descontento o frustrarte por vagas situaciones. Esa es la primera señal de que te estás perdiendo a ti y puede que sea mutuo también, que la persona con la que estés se sienta de la misma forma.

Procuremos cuidar nuestro vocabulario y las palabras con las que hablamos y nos referimos de nuestras vidas pasadas; el exceso de conversación de tu pasado atrae problemas en tu presente, por sobre todo eviten hablar de sus relaciones pasadas en exceso. Todo puede ser conversado de manera oportuna y con buenos canales de comunicación, por ejemplo, si te encuentras en una discusión y te acuerdas de una persona del pasado esto traerá problemas en tu presente. Podemos referirnos a ciertas situaciones de tormento que experimentamos para no volverlas a repetir, pero manteniendo una conversación sana y calmada.

Las cosas fluyen por sí solas y a veces no es necesario decirlas, uno las transmite, y la energía y el temor que generan ciertas situaciones nos da pie para poder determinar qué es lo que le gusta o no a nuestras parejas. Seamos seres capaces de poder comunicar sin hablar, la lengua es un arma de doble filo, cuando la utilizamos para lastimar también nos terminamos lastimando a nosotros mismos. Todas las personas son diferentes, permítanse conocerse desde la propia realidad de nosotros mismos y no desde la perspectiva y realidad de otros, lo que para ellos fue hermoso a nosotros nos puede resultar horrible o, muy por el contrario, lo que para ellos fue horrible a nosotros nos puede resultar hermoso.

Al final de todo esto, mientras más intentes cambiar por alguien, más te pierdes a ti mismo, escuchemos las primeras señales y pongamos mucha atención con todos los antecedentes que se nos van presentarnos antes de tener una relación. Sé que es preciso el riesgo, pero mientras mantengamos un rumbo de vida adecuado y cuando tu propio ser y tu propio espíritu estén en equilibrio, arriesguémonos a todas las locuras de amor que se nos puedan presentar.

Entonces indaguemos en el viaje del «yo», construyamos una coraza sólida para nuestro corazón que cualquier tipo de accidente sea solo un problema de corto plazo, porque de forma automática se nos será recompensado. Nuestra pérdida será más bien recíproca, una pérdida recuperable e incluso con recompensas más grande que la anterior. Mantener un seguro de vida de nuestros corazones nos puede permitir equivocarnos las veces que sea necesario, pero no nos permitirá que esto nos afecte.

Sé que es difícil de realizar, es un trabajo duro, esfuérzate en intentar ser mejor para ti e intenta vivir contigo, cambia todo aquello que no te haga crecer, pero nunca te olvides de donde provienen tus raíces, esto te hará no perder el norte de tu vida. Las personas nos pueden servir para guiarnos en nuestras vidas, pero al fin y al cabo las decisiones del querer mantenerte tal como eres, es nuestra.

Capítulo V
La aprobación y la culpa

Les comentaba antes que la culpa y el constante sentido de aprobación son una inmensa barrera y freno a nuestro crecimiento espiritual. Por una parte, la culpa es la que nos hace, en muchas ocasiones, retroceder en algo en nuestras vidas, a través de simples pensamientos en donde nos preguntamos ¿lo he dado todo para que funcione?, ¿qué más podría dar?, ¿cómo debería ser, para ser mejor con aquel o aquella persona? Cuando no encontramos muchas veces las respuestas a estas incógnitas o son desfavorables, nos vemos sumergidos en una constante idealización del yo ser, y creemos que podemos cambiar el universo y las leyes de atracción, las energías y las conexiones. Si pensamos esto, estamos muy equivocados.

Lo que nosotros podemos cambiar es nuestra propia vida y ella consiste en el «yo consciente» en donde me concientizo que, de alguna forma, lo que digo o hago me afecta o no me está trayendo buenos resultados y decido cambiarlo, para que los resultados hacia mi persona sean favorables. En alguna ocasión hemos escuchado que buscamos dentro de nosotros para poder encontrar la verdad o el camino correcto y también en ocasiones hemos percibido que las cosas están escritas, así como nuestro gran maestro de vida Jesús dijo: «Todo está escrito, todo lo que nace debe morir y todo lo que florece debe marchitar». Entonces la pregunta es ¿si hago o dejo de hacer, cambiará en algo las cosas? ¿Ya que todo está «escrito»?

La respuesta es ¡por supuesto! La riqueza de un hombre o una mujer se encuentra dentro de su interior, es por este motivo que, si decidimos hoy cambiar nuestras vidas atrayendo pensamientos positivos y solucionando nuestros problemas con cautela, veremos con claridad cómo se nos solucionará el dilema.

La vida depende solo un 10 % de las cosas que suceden, las cuales están todas escritas, mientras que el otro 90 % es como nos tomemos lo que pasa a nuestro alrededor. Yo decido si me afecta, si lo tomo o lo dejo, si me ayuda o si solo no me interesa. Un ejemplo de esto es ir a un centro comercial con ropa de trabajo un poco sucia o sudada, si observamos a un par de personas que se encuentran conversando y justo en ese instante nos miran, lo más probable es que «pensemos» que están murmurando algo acerca de nosotros, en ese momento nos empezamos a poner nerviosos, perseguidos y el calor se apropia de nuestro rostro hasta quedar rojizos. Esto es un claro ejemplo de que el problema no vive en el qué dirán los demás, sino que persiste dentro de nosotros mismos. Somos los principales boicoteadores de nuestras vidas, nos estropeamos nuestras propias metas y nuestros propios sueños, nos criticamos de forma constante incluso más que el resto, nos decimos que no podemos cuando sí podemos.

Esto es lo que hace la culpa y el constante sentimiento de aprobación, quiero ser mejor en el trabajo y que todos me vean ¿Para que quien quieres ser mejor? ¿Para ti o para los demás?

Las redes sociales son una fascinante fuente de aprobación, nos encanta tener *likes* en nuestras fotografías, historias y *reels*, salimos a cenar y lo primero que hacemos es pescar nuestro celular y tomar una fotografía de nuestras comidas, de nuestros atuendos, con el

objetivo de que la sociedad nos apruebe y somos pésimos en apro-
barnos nosotros mismos. Esto puede ser aún peor, las personas
narcisistas hacen regalos con el objetivo de que los demás vean los
obsequios y no con el objetivo de agradar a la persona, siempre
buscan boicotear al de al lado para sentir superioridad. La aprobación o sentido de aprobación primero debe venir de nosotros
mismos, cuando nosotros aceptamos quienes somos, de dónde
venimos, comienza la transformación del ser, por lo tanto, uno de
los principales sentimientos que debemos dejar atrás es la culpa y
el sentido de aceptación, de hecho, son sentimientos tan innece-
sarios que consumen nuestra energía espiritual.

Capítulo VI
El apego emocional

Ahora, en base a que algo nos falta dentro de nosotros mismos y no lo hemos identificado, comenzamos a generar en algunas personas un cierto apego. He escuchado a muchas a las personas decir y hacerse esta pregunta: ¿qué pasaría si...? y vivimos con el constante pensamiento del «qué pasará». Esto nos transforma en seres futuristas, porque de cierta forma vivimos en un futuro tan incierto como la línea que finaliza el mar. Nuestra teoría de la vida se reduce a miedos, inseguridades y desconfianza que es lo que no nos hace crecer como personas. Nos repetimos constantes patrones como: «Si lo hago no lo lograré», «si lo hago me dejará», «si me atrevo no tendré dinero», «si lo digo me despedirán de mi trabajo», «si me lanzo me voy a caer» e infinidades de peros o excusas que tenemos para no hacer lo que queremos.

Cuando comenzamos a vivir de esta forma es un poco más fácil tomar decisiones, te transformas en un ser racional y sabes discernir entre lo que es correcto y lo que no. Esto no deja de ser malo, si solo quieres pasar desapercibido en un mundo tan extraordinario como en el que vivimos, en donde día a día conocemos y se crean cosas nuevas, en donde no hay ni un solo día en el que no ocurra una noticia extraordinaria y tu podrías ser un ser sorprendente. Estar leyendo este libro tan dinámico e incierto, te puede convertir en una persona que esté alejada de mi yo actual, pero cercana a mi yo futuro, y eso te convierte en un ser especial. No para vivir con el «que podría pasar» sino que vivir con el «yo lo estoy viviendo y experimentando». Charles Bukowski escribía siempre en sus libros: «cambia tanto de forma, que jamás te encasillen en una».

¿Qué nos impide avanzar? Muchas cosas, pero una de las más relevantes y por algo que todos nos movemos es el amor, pero no los amores buenos, sino más bien los tóxicos, amores que te generan un apego emocional. En capítulos anteriores hablamos de que no hay un solo tipo de amor y que todos son válidos, pero citaré una frase que escribió Jesús cuando dijo: «Todo me es lícito, pero no todo me conviene, todo me es lícito, pero no todo me edifica».

Ahora hablemos del por qué existen ciertas personas que no nos dejan avanzar en nuestras vidas. Les comenté, dada mi experiencia, que las personas acarreamos patrones de pequeños y la carencia de algo nos hace ser vulnerables ante ciertas personas. Por ejemplo, yo soy una persona que sufre de «apego emocional» y ¿qué quiere decir esto? Te nombraré ciertos aspectos para ver si te sientes identificado con el lado A o B de la moneda. Nombraremos el lado A a las personas apegadas desde lo emocional a situaciones o personas y nombraremos el lado B a aquellas que sustraen energías ajenas y que son denominados narcisistas.

Las personas del lado A somos el tipo de personas sensibles desde lo emocional, aunque en muchas ocasiones no se demuestre. Cuando nos enamoramos de alguien y sentimos que esto puede terminar, se nos genera un vacío enorme en el interior, ya que proyectamos nuestra vida en la persona que conocemos. Esto puede ocurrir al poco tiempo de conocerse y cuando uno emplea la dependencia emocional, por lo general, empieza por dejar de a poco su vida de lado y se centra en la existencia de la otra persona como si fuera nuestra. Vivimos la experiencia de su vida como si la nuestra ni siquiera existiera. Cuando existen situaciones en donde nos dejan, por lo general, en una discusión, no somos capaces de retirarnos y alejarnos para que todo se calme y tenemos miedo de «perder» a esa persona que creemos no volveremos a ver más en nuestra vida. Nos aterroriza la idea de sentirnos solos y no nos vemos capaces de perder a la persona que tanto amamos.

Uno de los principales rasgos se muestra en las separaciones, ya que durante la relación perdemos de vista al equilibrio. Sin embargo, el miedo a perder a esa persona es agonizante, y ya sea para hombres y mujeres haremos todo para no perderlos e intentaremos cumplir con todos sus requisitos. Ejemplo de esto es que si esa persona te dice que su ex pareja no tenía dinero suficiente para invitarla, tú lo que harás es sacar dinero de donde sea para cumplir con ese requisito. Si te dice que su ex jamás le invitó a salir de viaje o no fue detallista con él o ella, tú lo que harás es ser lo más detallista posible y llevarle de viaje a todos lados, incluso si no tienes dinero. ¿Por qué haríamos algo así? Por amor y si lo hiciste, no te sientas mal solo debemos aprender a reconocer detalles de nuestras carencias para poder solucionarlas, así infinidades de cosas que al final te terminan transformando en otra persona.

El principal factor de las personas que sufren este tipo de trastornos, en las cuales estoy incluida, es el miedo a perder a tu «gran amor». Por eso es preciso que identifiquemos todo lo que acabamos de explicar detallando las principales características de este tipo de personas:

- Esforzarse por mantener la proximidad con la persona poniendo todo a su favor.
- Resistirse a la separación sintiendo ansiedad, angustia. No cortar una discusión e intentar buscar una solución.

- Creer que una persona es la base principal para lograr todo, ser codependiente.
- Refugiarse en momentos de tristeza buscando en él o en ella un bienestar emocional.

Si tu apego emocional proviene de la niñez, lo más probable es que cuando eras pequeña o pequeño fuiste uno de los niños que lloraba cuando su madre lo dejaba en el jardín.

Las personas del lado B son personas quienes necesitan el poder de «poseer», cuando se enamoran, por lo general, se sienten dueños de las personas, por ellos sus parejas no tienen familia ni amistades quienes les puedan arrebatar el tiempo de estar con esa persona y agreden de manera física o verbal, pero utilizan con más frecuencia la agresión verbal para agredir a su pareja. Son personas que sufren de inseguridades y proyectan todas sus inquietudes y defectos en las personas que los rodean. Necesitan de forma constante la aprobación de todo el mundo y es por esto que suelen victimizarse ante sus familiares y amigos que están pasando por malas situaciones por culpa de sus parejas. Ven a sus compañeros de vida como una presa y cuando se enamoran por, sobre todo, suelen ser en extremo celosos y desconfiados y no permiten que miren a su presa y actúan como una leona.

Este tipo de personas suele sentirse inferiores con facilidad por eso buscan personas que tienen un perfil más bajo para poder dominarlas; el dominio es su zona de confort y utilizan, a menudo, el sexo como regalo o castigo. Se sienten atacados con facilidad cuando nombras cualquiera de sus defectos, jamás tomarán una crítica como una mejora constructiva, sino que pensarán que tú les quieres causar daño y que todo lo que dices es mentira. Ven a su víctima como un espejo de lo que son; ejemplo claro de esto es si este tipo de personas te insinúa un engaño, lo más probable es que él o ella te esté engañando. Tiene tendencias a que los alaguen con independencia de si les interesa o no la persona que lo hace, se alimentan del egocentrismo y sus prioridades siempre estarán primero.

Una de las principales fuentes de agresiones que tienen son las comparaciones que utilizan con palabras tales como «mi ex era mejor que tú», «tú no tienes suficiente dinero», «antes yo solía ser distinta o distinto», «antes me trataban mucho mejor», «jamás había vivido algo así», «tú me haces daño». Pueden provocar a su presa y luego culparlos de ser deshonestos o agresivos, son muy intuitivos y la forma de expresarse se demuestra como seguros de sí mismos que jamás podrías mentirles. De nuevo, identifiquemos todo lo que acabamos de explicar en las principales características de los narcisistas:

- Intensidad en el amor, consecuencia de su alto ego y tienden a buscar un amor romántico de película.

- Búsqueda de la perfección: por lo general, pueden tener detalles con su pareja, pero no lo hará para su pareja, sino más bien para que la sociedad vea que son una pareja perfecta.

- Necesita alimentar su ego, requiere sentirse alabado o alabada en exceso por su pareja y si no lo consigue en él o ella buscará de alguien más que sacie su necesidad.

- Ve a su pareja como una presa o trofeo, lo cual lo hará buscar a alguien quien tenga una buena apariencia física o un buen puesto de trabajo y se sentirá mal cuando le digan que su pareja no es guapo o guapa.

- Celos: las personas narcisistas son celosos y tienen la necesidad de ser el centro de atención, buscarán además que tú sientas celos de ellos y te culparán por hacerlo, aunque en el fondo les gusta que los celen.

- Intentarán convencer a sus presas que antes de conocerlos no eran nada o bien que les ha ayudado en toda su vida y que son sus salvadores.
- Por lo general, son infieles y si se enamoran la única forma de dejar a su pareja es conociendo a otra que cumpla con sus principales requisitos, los mismos que cumplía su pareja actual al iniciar la relación.

Ahora hagamos una mezcla perfecta de este tipo de relaciones: uno posee y el otro se deja poseer transformándose en una pareja de enamorados perfecta y dañina, donde el agresor se siente insatisfecho y el agredido se siente insuficiente; al principio ambos intentarán esforzarse el uno por el otro. Uno lo hará por amor y el otro solo para que los demás vean lo que hace, si el narcisista te entrega un obsequio en secreto, deberás agradecerle de rodillas por lo que hizo, el siempre imaginará que él dio más en la relación y la persona dependiente desde lo emocional siempre se sentirá insuficiente al no poder cumplir los objetivos de su pareja.

La mezcla de este tipo de relaciones termina siendo fatal; como en todas las relaciones siempre hay uno que termina más afectado que el otro y, por lo general, suelen ser las personas con dependencia emocional. Terminan sintiéndose insuficientes y poco valorados, acaban apartados de todo y de todos debido a la demanda que le exige su relación. Por otra parte, el narcisista buscará la tranquilidad de que hizo todo bien y que esa persona terminó por perderlo. Su alto ego le impide tener la capacidad de mirar sus errores, sin embargo, al ser muy autocríticos e inseguros consigo mismo, piensan más de la cuenta y esto los termina por autodañar a sí mismos, ya que se sienten a menudo insatisfechos con sus vidas.

Al ser tan perfeccionistas les afecta que las cosas no les salgan tal cual quieren y terminan por sentirse insatisfechos por ellos mismos. Estos rasgos nunca los tomarán en forma personal y cargarán a sus relaciones, familias y trabajo, pero jamás se culparán a ellos mismos. Al terminar una relación con una persona dependiente de forma emocional ese individuo puede llegar a sentirse tan mal con todo lo que hace, lo que dice y lo que piensa que se cuestionará su existencia y el exceso de esta situación, es más, incluso puede llevarlas al suicidio. El no sentirse suficientes para sus parejas quedan tan apartados de todo, que se terminan quedando solos. El narcisista buscará alejarlo tanto del mundo con el fin de que se sienta dependiente de esa persona, que construirá un tipo de relación que, al final, puede llegar a destruirte.

Ahora bien, ¿de qué forma esto te arruina y te impide avanzar? Sea cual sea el lado que te encuentres, el A o B, no te permitirá avanzar de manera espiritual en la vida y debemos dejarlo de lado y optar por ser seres íntegros en nuestro interior. La pregunta no es cómo olvidarme de él o ella, la pregunta es ¿qué estoy haciendo por mí? Pensar en ti no te hace una persona egoísta, te hace una persona consecuente y coherente, el daño lo causamos porque nosotros lo permitimos. Si existen personas que nos dañaron es porque nosotros les permitimos que nos dañen, si nos tratan mal o nos sentimos poco valorados es porque nosotros no nos estamos dando valor. El valor de decir hasta aquí es lo que aguantaré y esto es lo que puedo dar.

No quiero expresarme acerca de las personas como «malas personas, solo pienso que existen seres de luz y oscuridad y yo, en lo personal, he estado en las dos caras de la moneda, en el lado A y en el B, lo que me hace agresor y víctima a la vez en distintos momentos de mi vida. Es por ello que sé lo que siente una persona que sufre dependencia emocional porque en ese tipo de persona me he convertido y también sé lo que siente una persona narcisista porque de cierto modo lo fui en varias de mis relaciones.

Al darnos cuenta y reconocernos como agresores o como víctimas estamos ante una difícil tarea, ya que el principal problema es que nosotros como personas, por nuestra naturaleza, intentamos engañarnos a nosotros mismos. Por esta razón es usual escuchar a todo el mundo decir: «Las personas son malas» como si nosotros no hubiésemos sido malos. ¿Cómo puede haber gente así? o ¿cómo pueden llegar a hacer algo así? e infinidades de cosas que, por lo general, decimos. Intentemos decir ¿cómo podemos llegar hacer cosas así? Nosotros también dañamos, mentimos, engañamos, perjudicamos nuestra tierra, contaminamos nuestro ambiente y también nos hemos referido a personas con comentarios despectivos. Ser una persona víctima de maltrato psicológico no nos hace una buena persona, al contrario, nos hace malas personas con nosotros mismos, imagínense ¿cómo podríamos llegar a amar a alguien, si en verdad no somos capaces de amarnos a nosotros mismos?

Ser una persona agresora nos hace una mala persona, dañamos a personas vulnerables y nos causa deleite, ¿cómo podríamos ser capaces de amarnos a nosotros mismos sin siquiera saber amar al de al lado?

Una de las doctrinas que practicaban nuestros antiguos ancestros era la resiliencia, y está claro que debo sentirme bien conmigo misma y no esperar recibir lo mismo de la otra persona o sentirme bien con dar amor, ya que es lo más hermoso que podemos entregar. Si no nos entregan amor solo salgamos de ahí, ya que entregar amor proviene de entregarnos amor, primero. Ahora bien, no quiero que suene a confusión sobre si existen buenas o malas personas, en definitiva, existen personas con falta de espiritualidad y de conciencia, lo que los hace un poco enfermas desde lo espiritual, al igual que las personas que sufren de algún tipo de esquizofrenia, ¿son malas personas? No, pero son personas inconscientes de sus actos.

Ahora bien, quiero explicarles la diferencia entre ser una mala persona o una persona inconsciente de nuestros actos. De manera habitual, las personas que me rodean me preguntan por mi última relación que mantuve:

¿Tú consideras que esa chica era una mala persona? A lo que yo respondía: No, y luego insistían, de nuevo, pero esta vez con ejemplos claros y me exponían, pero ella hizo esto, dijo aquello y habló mal de ti ¿cómo puedes decir que no es una mala persona?

A lo que respondí de forma consciente y asertiva; *ella no es una mala persona, es una persona inconsciente de sus actos al igual que tú, al igual que yo y si en algún momento tenemos la iluminación de darnos cuenta de nuestros errores, ya habremos cambiado.*

Las personas no se dan cuenta de que están mal cuando les dices que están mal, las personas nos damos cuenta de lo mal que estamos cuando las consecuencias de nuestros actos nos repercuten.

Bien, entonces debemos ser consciente de lo que decimos, sin embargo, seguir con una persona con esas características ya nos hace ingenuos, es decir, tratar de creer que esa persona cambiará, una y mil veces, nos hace ser ilusos. Justificar actos de violencia, ya sean físicos o verbales, justificar los celos y defender la posición de esa persona, aun cuando se encuentre cometiendo errores, nos hace ingenuos y peor aún, el daño que le podemos causar a esa persona puede ser mayor, ya que creerá que todo lo que hace está bien gracias a ti.

Ayudar, a veces, no implica estar de acuerdo con esa persona y decirle que todo está bien, parte de ayudar es también decir con delicadeza las falencias y errores que comete, jamás utilizando sus defectos para agredirlo o agredirla, sino más bien para ayudarla. Esta es una forma de «ayudar» a quienes amamos, ahora bien, los psicólogos son aquellos que creen en el cambio de una persona. Sin embargo, las personas que asisten al psicólogo lo hacen porque quieren cambiar, ¿me entiendes? Con esto quiero decir que por muchas asertividades y, teniendo en cuenta, la manera en que nos dirigimos a una persona con el motivo de que «cambie» estaremos equivocados, ya que esto debe nacer dentro de cada uno de nosotros y es un camino largo y extenso.

No deberíamos sentirnos culpables porque no logramos que esa persona mejore, somos simples pasantes por la vida de cada ser humano. No existe ninguna fórmula que nos diga que estaremos de manera eterna enlazados con dicha persona, recordando que lo único que tenemos claro en nuestras vidas es que moriremos algún día. Nadie sabe el día, mes u hora exacta, sin embargo, con exactitud tenemos la certeza de que todo lo que nace debe morir.

Culparnos a nosotros es cargar con los errores y la pesadez de la otra persona, ser empáticos, amorosos y comprensivos no significa en absoluto que debamos sostener los problemas que no son nuestros. Cada persona tiene, con exactitud, lo que merece por mucho que nos cueste asimilarlo. Todos y cada uno de nosotros cuenta con un motivo en esta vida, cuando lo descubrimos y llegamos a realizar lo que en definitiva teníamos que venir a realizar a este mundo, solo nos vamos de él. Quizá toda la vida se base en un propósito, no se trata tan solo de trabajar y alcanzar los éxitos que nos inculcaron nuestros padres o nuestras propias metas, quizá nuestro propósito sea mucho más grande que eso y cada uno cuenta.

Por otra parte, cuando tenemos culpa, por lo general, hacemos cosas que no nos gustan con el fin de satisfacer nuestra carencia emocional y sentirnos satisfechos gratificando a la otra persona. Es aquí donde nos damos cuenta de que nuestra principal carencia es «falta de amor propio» ya que al sentir culpa nos estamos cuestionando, de forma constante, lo que indica que no estamos haciendo las cosas bien, lo que se termina convirtiendo en una falta de confianza en nosotros mismos. Por ende, deberíamos ser más amorosos, caritativos y comprensivos con nuestro propio ser con el objetivo de que cuando nos encontremos con personas psicópatas o narcisista o solo con falta de responsabilidad emocional, no nos afecte.

Por cada palabra que nos quieran hacer sentir mal como: «no eres suficiente», «no me compraste lo que yo quería», «nunca haces las cosas bien», «tú siempre cometes errores conmigo y yo siempre te perdono» e infinidades de agresiones verbales que salen de la boca de estas personas, tengas el suficiente amor para decir: «Esto es una absoluta mentira», pero no decirlo a quien te agrede, decirlo en forma interna, sentirlo en realidad creyendo que es así.

No todo lo que entra a la boca de las personas es lo que las daña, más bien lo que sale de ella y en base a esto tengamos suficiente amor propio para poder discernir en lo que me edifica de lo que me perjudica. Lo que no quiero inculcarles son las denominadas «malas prácticas» de todo esto, es decir, que con todo el amor propio y el discernimiento suficiente debemos aprender a reconocer nuestros errores, esto es parte de mantener una vida equilibrada. Las personas no somos en absoluto perfectas y por mucho conocimiento que tengamos incluso en nuestras relaciones personales, debemos aprender a reconocer nuestros errores y cambiarlos.

Por ejemplo y, de acuerdo con lo que acabamos de leer, si una persona me hace mención de que estoy actuando de mala forma o que en un caso específico no hice las cosas bien y en sus formas de decírmelo manifiesta respeto, amor y empatía yo no puedo cegarme y decir en mi mente «yo lo hice bien», «ella o él está equivocada» ya que esto se iría al otro extremo y pasaríamos a ser seres arrogantes lo que tampoco es beneficioso para nuestro ser espiritual.

Capítulo VII
El ego y el silencio

Es tan importante mantenerse en una línea en donde me puedo pasar de lado a lado, pero jamás quedándome en los extremos ya que de esta forma vuelvo a enfermar a mi ser espiritual, lo enceguezco y, en vez, de convertirnos en seres de amor y empatía pasamos a ser seresególatras, antipáticos y antisociales. Situación que no queremos para nuestras vidas; saber discernir es la clave del éxito espiritual, debemos recordar a cada momento que somos pasantes en esta vida. Pero algo debemos tener en cuenta que, por lo general, el ego se presenta en cada momento de nuestras vidas y de forma usual nos domina.

El ego es pretencioso y siempre tiene la razón, no permite reconocernos y juega a través de la mente. Es parte de nosotros, pero no es nosotros, en ocasiones nos hace creer que estamos siendo superiores o iguales que la otra persona, no nos permite reconocernos, busca dañar con el fin de sentirse mejor y a menudo el ego utiliza la mentira para la satisfacción de sus necesidades. Debemos dominar nuestro ego porque nada tiene que ver con el amor interno y con nuestro ser, el ego actúa a través de la mente, así como lo nombro en algunos de los capítulos; interviene poniéndose a la defensiva y en respuesta alguna crítica, sea o no sea constructiva. Debemos aprender a guardar silencio, no siempre gana aquel que habla más, más bien, quien calla es quien entendió el mensaje, capta la idea y centraliza sus emociones. Entiendo que te puedes preguntar ¿entonces, si me están dañando o insultando, debo quedarme callado?

Si una persona está realizando una crítica constructiva sobre ti, con respeto y amor, aunque no nos parezca y no estemos de acuerdo debemos callar, esto por al menos veinte a treinta minutos hasta que se vaya el sentimiento de ego y luego de esto guardar silencio y canalizar lo que dijo la otra persona, para pensarlo y dejarlo ir o internalizarlo, pues aprendiste el significado del silencio. Pero, por el contrario, si una persona nos insulta, nos falta el respeto y sus críticas no son constructivas, sino que se basan en los interminables «yo pienso», «yo creo» y «yo no confió», pues aléjate porque de nada sirven, son comentarios basados en la desconfianza y en las faltas de respeto; no son críticas más bien son insultos. Es en ese entonces cuando debes aprender a alejarte y a asegurarte de cerrar la puerta despacio sin enojos, solo en silencio.

En las meditaciones asiáticas es muy común adoptar la técnica muy conocida del *vipassana* que fue practicada por Buda respecto al silencio, hablar menos, sentir más. Por lo general, se tomaban diez días en total silencio, tal cual un sordo mudo, permitiendo que la comunicación sea a través del silencio. Este método te abre la mente y te permite sentir y expresarte a ti mismo. Nuestra mente muy pocas veces permanece en silencio, por ende, existe mucho el pensar en este proceso, pero como no se puede transmitir, pues hace que la conversación sea interna, con nosotros mismos.

Recuerdo cuando era tan solo una niña de entre once o doce años de edad, me encontraba en el colegio y un día se me ocurrió la brillante idea de decirle a mis compañeros de aula que me encontraba con afonía y que por este motivo no podía hablar. Para mí no era nada espiritual, la verdad tenía ganas de llamar la atención de esta forma y jamás pensé que terminaría encontrándole tanto sentido y redactarlo en un libro. Fue entonces cuando solo hablé con susurros, sin voz y solo apuntaba mi garganta con el fin de señalar que me encontraba con afonía. Luego de un tiempo, se me hacía más y más difícil poder hacerlo, pensé que era un reto fácil, luego durante el camino comencé a desesperarme y se me empezaron a presentar obstáculos como mi profesora intentando preguntar respecto de alguna asignatura y como yo era siempre quien respondía todo en el colegio, le parecía raro que yo no hablara. Mis compañeros le aclararon que yo no podía hablar, lo que era por supuesto una absoluta mentira. Al finalizar el día hablé con mis compañeras de curso, me sentí liberada en muchos aspectos y comencé una conversación muy interna conmigo. Valoré el tener voz que fue lo primero que se me vino a la mente, casi como un orgasmo al finalizar el proceso y al fin poder hablar, pero esto me ayudó a sentirme, conversar conmigo y sobre todo, callar cuando se presenten diferentes situaciones.

Capítulo VIII
El equilibrio

La vida consiste mucho en el equilibrio, es lo que en general, se busca con la alineación de los chacras, con los psicólogos, los retiros espirituales, las meditaciones, etc. ¿Por qué buscamos el equilibrio? Porque en definitiva el exceso de todo nos hace daño. El equilibrio está en toda nuestra vida, está presente en el momento en que estamos hablando ahora, para mantener una relación estable, es necesario el equilibrio incluso en el desarrollo de una conversación; es decir, es necesario prestar atención a la manera en cómo conversar, decir las cosas en los momentos indicados, comunicar las falencias y dificultades que tenemos. Por ejemplo:

El exceso de sexo nos hará mal en la relación ya que se basará todo en eso, no habrá comunicación y todo se resolverá en la cama, pero también la falta de este no generará un vínculo con tu pareja y se verán afectados a corto o largo plazo, ya que la sexualidad es parte normal de una relación. El sexo existe cuando dos personas quieren conectarse más allá de un todo, esa conexión es única, producto de dos cuerpos desnudos entumecidos por el sudor en una cama. Sin embargo, exceder los límites nos va bajando la intensidad y es por es que matrimonios en muchas ocasiones presentan diferentes problemas sexuales, es porque existe atención a cosas prioritarias, ya no es una pareja sexual, más bien es un todo, la pareja pasa a ser familia, amistad y hasta enemigos en algunos casos, por lo que sobrellevar una sola cosa de por si es caótica, imagínense tener todo en una sola persona, es por esto, que deber ser equilibrado.

El exceso de tranquilidad generará aburrimiento; de vez en cuando habrá que salir un poco de la zona de confort, ahora el exceso de salidas y de no estar en una zona de confort generará falta de tranquilidad.

El exceso de celos derrumbará la relación, generando un quiebre; la persona que es celosa se siente insegura y la persona que lo percibe termina agotada, pero existen episodios en donde podemos quizá «celar» a nuestra pareja con un perfil muy bajo, sin discusiones, gritos o insultos, solo teniendo pequeños destellos de celos para demostrar que sí le interesas, de lo contrario la persona pensará que no le interesas en absoluto. Si bien algunos de ustedes han podido decir antes que «un poquito de celos no le hace mal a nadie» no estoy en desacuerdo, solo procuremos en mantener el equilibrio físico, mental y psicológico en nuestras vidas.

Ahora, el exceso de equilibrio inclusive también debe ser medido. Imagino que se harán la pregunta del por qué y citaré el siguiente suceso extraído de una película muy recomendable, la cual se llama *Comer, rezar y amar*. Hay una escena en donde la protagonista, de forma desesperada, escapa de una relación amorosa muy intensa y le comenta al gurú de la India que sentía haber perdido el equilibrio con un hombre a quien conoció, a lo que él gurú responde: «A veces perder el equilibrio por amor, es parte de una vida equilibrada».

Dirás o te preguntarás ¡pero si me acaba de decir que debo mantenerme en equilibrio y ahora me dice que también es bueno que me salga de mi propio equilibrio! Entiendo y no es en absoluto contradictorio, que ante todo lo que aprendamos a lo largo de nuestras vidas, desde nuestra niñez, adolescencia y adultez, debemos tener presente que hemos venido a esta vida a vivir, y vivir implica, enamorarnos, equivocarnos, entorpecernos, caernos, y levantarnos las veces que sea necesario. De cada error jamás existirán fracasos, más bien enseñanzas, vivir en una zona de confort sin permitirnos cometer errores no es gratificante para nuestras vidas, lo único que haremos es retardar nuestra muerte hasta que vivamos lo que veníamos a vivir.

Por otra parte, nuestros sentimientos son parte de nuestro equilibrio. Que nadie te quite el permiso de reír, llorar, estar triste, enojado, emocionado, eufórico, temeroso, estúpido. Date el permiso de no minimizar tus emociones, date el permiso de vivir sin condiciones. Los caminos que cruzamos son complejos, en ocasiones no podremos mantener la compostura como quisiéramos y solo nos saldremos de la línea delgada del equilibrio. Los caminos más complejos son los que más nos enseñan, lo importante es que a pesar de sus dificultades debemos disfrutarlos mientras los recorremos. Ten presente que los hijos de Dios nunca pierden, solo aprenden de tiempos complejos y adquieren sabiduría.

Debemos dar las gracias por haber conocido a las personas que conocimos en nuestras vidas, por mucho daño que te haya causado recuerda que quien se lo permitió eres tú, un ser por completo consciente de lo que ocurriría. Debo expresar mi agradecimiento así:

Agradezco de manera infinita haberte conocido, eres la causa de mis heridas más profundas, pero también de las cicatrices más preciadas, en tu vida yo fui quien te dejó primero y nunca lo notaste, yo fui quien comenzó a cambiar porque iniciaste en mi la chispa del amor propio de aquel que tanto necesitaba...Cuando algo comenzó a cambiar dentro de mí, algo comenzó a molestarte a ti, de tus enojos me alimenté durante un largo tiempo, pero a medida que más pasaban los días más me daba cuenta que mientras más te molestaban mis actos era por que comencé hacer cosas que me gustaban.

Te mantuve entre mis brazos y el regalo más apreciado que pudiste haberme entregado fue dejarme ir, fui tu presa y de manera intuitiva mi voluntad fue ser tu carnada. Me paseé ante ti durante días y largos meses, me insinué de una forma extravagante, no sé si tú me necesitabas a mí o yo lo hacía contigo. Solo descubrí el amor verdadero a través de ti y fue cuando miré entre las pupilas de tus hermosos ojos mi propia presencia. Carecías de lo mismo que yo y te agradezco por mostrarme, de manera inconsciente, cada uno de mis defectos a través de ti, eres todo lo que no quiero ser y todo lo que no me permitiré jamás.

En ocasiones minimicé cada uno de tus actos porque los compensaba con los míos, me hiciste dar cuenta que cuando se ama no se agrede ni física ni de manera verbal. Cuando se ama se cuida, se respeta, se da su tiempo, espacio y por sobre todas las cosas, se comparte las inquietudes de cada uno. Careciste de cada palabra que me reclamabas y jamás vi en ti el compromiso que yo daba, quizá no eres ni serás la primera persona a la que le agradezca. Podría inclinarme con plenitud ante cada una de mis relaciones que llevo hasta entonces para agradecer con amor profundo cada vivencia y experiencia junto a mi lado. En algunas descubrí lo mal que se siente hacer daño a quien ama, mientras que, en otras, descubrí lo mal que se siente que te hagan daño. Agradezco que, en cada una de ustedes, me haya encontrado a mí misma y en definitiva entender que somos un todo.

Capítulo IX
El apego y el narcicismo en su esplendor

Con certeza, existen situaciones insoportables e insuperables en donde el dolor se hace parte de ti, no hablo de un dolor físico, hablo de un dolor mental y espiritual. Es un dolor incontrolable el cual te penetra todo tu cuerpo, va dirigido desde la nuca hasta la punta de tus pies. El solo hecho de comer te genera rechazo, tienes el pecho apretado, te sudan las manos y sientes temblores inconscientes. Quieres fumar, gritar, beber, o solo salir de tu cuerpo. Es un dolor desconcertante que te llena los ojos de lágrimas y el corazón de espinas, duele tanto el cuerpo que le pides al universo (Dios) que te sane y se lleve el dolor consigo.

Vincularte con este tipo de relaciones te hace perder la cabeza, y perder la cabeza por amor, créanme, es más común de lo que parece. Sin embargo, pasar por este estado de coma inducido debe terminarse lo más pronto posible, ya que algunas de las consecuencias de haber tenido este tipo de relaciones tóxicas son las siguientes:

- Generar inseguridades donde no confías en nadie.
- Baja o nula autoestima.
- Si quieres tener una pareja de inmediato y resulta que el universo al fin te dio una pareja saludable, si no superas este estrés postraumático podrías pasar de víctimas a agresores.
- Sentimiento de una pérdida irreparable.

- Síndrome de indefensión adquirida.

- Cambios de estado de humor como, nostalgia, rabia, pena, angustia, rabia de nuevo y así en forma sucesiva.

- Pensamientos obsesivos con patrones narcisistas.

- Síntomas de depresión.

- Trastornos alimenticios.

- Sentimiento de que todo es culpa tuya.

- Trastornos del sueño.

El desapego es doloroso, es como si arrancaran una parte de nuestro ser, las personas que sufrimos apego emocional, por lo general, nos transformamos en nuestra pareja, es decir, sus ideales pasan a ser nuestros y sus sueños, nuestras metas.

Ahora bien, poniéndonos del lado de la otra cara de la moneda y pongamos el caso de un narcisista enamorado de alguien quien, por ende, no cumple sus expectativas, suele tener sentimientos dolorosos internos, piensa mucho y se autodestruye. Construye una idealización en su mente con el objetivo de compensarse a sí mismo que hizo todo bien en la relación, lo dio todo y que su víctima es quien debe pagar. Se alimenta de ego y es por esto que sufre de forma silenciosa. A menudo se autocritica y las críticas le duelen, este tipo de sufrimiento es el autosufrimiento, y trae consecuencias tales como:

- Apartamiento del nivel social.

- Autodepresivos y destructivos.

- Sentimientos de negatividad.

- Sentimientos de vacío y de no saber qué es lo que en realidad quieren para su vida.

- Angustia y baja autoestima, aunque no lo crean las inseguridades que proyectan en su víctima son las que sienten dentro de ellos mismos.

- Si experimentan que a sus víctimas (antigua parejas) les va bien, se sienten ofendidos y traicionados.
- Sensación de que, en absoluto, todo el mundo está en contra de ellos.
- Aislamiento, soledad, pereza.
- Se apega de forma rápida a una pareja, la cual al poco tiempo ya empezará a presentar imperfecciones.
- Sensación de inconformismo.

Sea como sea, ambos casos son dolorosos, sin embargo, el dolor se canaliza de distinta forma; existen aquellas que generan sufrimiento a mares y necesitan que todo el mundo lo sepa, compartiendo en redes sociales el dolor e intentan dar valor a sus amistades y familia. Por el contrario, la otra parte que también sufre, puede también pedir consejos a uno o dos amigos o familiares, a los cuales no deben criticarlos. Esto les ayudará a reconfortar que, en realidad, hicieron todo bien en su relación.

Para concluir, podemos mencionar que existen muchos tipos de sufrimiento y es el motivo de no querer pasar por esto. Las personas tenemos sentimientos y necesitamos poder *entendher* que esto es lo que nos mantiene vivos. Sin embargo, todo tiene su tiempo y si excedemos el tiempo de sufrimiento, nos veremos envueltos en un dilema superior, en donde además de nuestra mente psíquica y nuestra alma, se empiezan a reflejar cambios en nuestro cuerpo. Los dolores de espalda son insoportables, aparece la caída o pérdida del cabello, se evidencian problemas de bajas defensas, las cuales generan infecciones urinarias o bacterias en zonas genitales, pérdida de sensibilidad de los dientes o infecciones en las encías producto de los chillidos al dormir, e incluso dolor y estreñimiento abdominal a causa de la densidad de los músculos.

Nuestro exterior es el claro reflejo de cómo estamos por dentro. En lo personal, conozco a un viajero que realiza ejercicios, lee libros y recorre el mundo; su filosofía de vida se basa en las energías y la superioridad. Tiene alrededor de cincuenta años y si bien es joven, representa menos edad. Cuando analizamos a las personas que buscan la espiritualidad, nos encontramos con ancianos, quienes aún pueden realizar actividades de atletismo. Sin embargo, si nos encontramos en una depresión o pasando por este lento proceso, nos vemos afectados de manera física, e incluso nos vemos mayor a nuestra edad.

Intentemos vivir nuestro proceso de duelo y aunque es difícil, las palabras menos precisas son «todo va a pasar», «ya supérala o supéralo» o «deja de sufrir». Esto nos hace poco empáticos; más bien utilicemos palabra como «te sientes mejor ahora», «cuéntame qué quieres hacer y por qué lo necesitas», «estaré contigo en caso de que requieras mi apoyo». Estas palabras son sabias ya que no te dejan amarrado a una decisión, recordemos que quienes se desdicen somos nosotros mismos y podemos recibir mucha ayuda por parte de nuestra familia, amistades, círculo laboral, etc. Sin embargo, los únicos que tomamos una decisión respecto a esto somos nosotros. El gran problema que tenemos para superar estos efectos negativos, somos nosotros mismos y nuestra mente.

Capítulo X
El poder de la mente

Si la mente fuese un instrumento a favor de nosotros, recordaría momentos hermosos vividos y privilegiaría las cosas buenas que nos han pasado. Más bien permanecen los malos recuerdos que, en definitiva, no es malo si es que te ayudaron a crecer, pero la mente los mantiene frescos de tal manera de traértelos al presente. Si la mente fuera un bien común te ayudaría a crecer y avanzar, más que observarla es escucharla de forma permanente, pues en ella pueden intervenir muchas energías negativas.

La mente es un poder que nos lleva a tomar diferentes decisiones en nuestra vida y no quiero ponerme en contra de ella ya que es sabio decir que debemos «pensar» las cosas antes de realizarlas. Es de esta forma que nosotros debemos utilizar a nuestra mente y no ella a nosotros, de forma tal de poder tomar buenas decisiones y encaminarlas en nuestra vida. Sin embargo, no debe ser un instrumento de vida pensar todo el tiempo y reprogramar nuestras vidas, ya que modificar de manera constante nuestros caminos es una decisión difícil.

Me he dedicado a estudiar y analizar mi mente, tal como ordenamos nuestra ropa en un clóset, lo primero que debemos realizar es «ordenar nuestros pensamientos». Es probable que seas una persona que piensa mucho, casi las veinticuatro horas del día. Sin embargo, debemos hacernos la siguiente pregunta: ¿cuánto de toda la cantidad de pensamientos nos aportan en realidad a nuestro día? Hablemos de días porque con independencia de que quizá pensemos a diario en lo mismo, debemos aprender a organizar nuestra mente. Este ejercicio nos ayuda a intentar ordenar nuestras ideas del por qué y para qué pensamos.

Por lo tanto, deja de cuestionarte, qué es bueno, qué es malo, cómo debes actuar, cómo debes hablar, qué debes decir, qué te debe gustar, cómo debes besar, cómo debes amar. Parte por amarte y estar seguro de ti mismo, no te permitas dudar de ti porque la mente te hace dudar, si tienes poder sobre ella ninguna persona podrá cuestionarte.

La mente es engañosa, te puede llegar a mentir a ti mismo, ya que el ego, como lo comentábamos en los capítulos anteriores, se refleja a través de ella. La esquizofrenia es una enfermedad mental grave en la cual se manifiesta la realidad de manera anormal. Pero definamos lo normal en primera instancia: algo sano para nuestra salud y que podemos tolerar. Sin embargo, en muchas ocasiones la mente crea situaciones horrorosas y se autodaña. Cuando vivimos en la mente y no en nuestro ser, nuestra energía disminuye a un nivel de tres y allí es cuando comenzamos a sentir que todo nos sale mal. Somos nosotros mismos quienes estamos frenando ese grado; somos creadores de nuestra propia vida y tenemos el poder de crear la vida que queramos. La mente lo que hace es ponernos límites a estas situaciones y es lo que no debemos permitir que suceda.

Cuando me refiero a la mente, no me refiero al cerebro ya que, por lo general, unimos estos dos conceptos muy distintos. La mente no está en un lugar físico o concreto, se manifiesta a través de leyes neurológicas y se desarrolla en base a nuestra experiencia de vida. Es aquella que nos permite pensar y soñar de manera consciente e inconsciente, por ende, es muy fácil que el ego se manifieste a través de ella y que no podamos controlarlo. Nos dañaremos de forma inconsciente. La meditación consiste en no pensar, en estar consciente y agradecido con el «yo consciente». No en el yo futuro o en el yo pasado, sino en el presente.

Los pensamientos guían nuestras vidas y decisiones, nos envolvemos tanto en pensamientos oscuros que terminamos por creerlo, yo he tenido experiencias horrendas con los pensamientos. El «pensar» nos lleva a «creer» y, por consiguiente, a «actuar», por lo que, si partimos mal, nuestros actos terminaran peor. Así de dañina y turbia es nuestra mente, maldice, odia y discrimina. ¿En alguna ocasión te has dicho a ti mismo «oye, no puedes pensar eso, que maldad»? ¿Por qué razón yo mismo voy a hacerme callar de forma interna? ¿No es alguien que está ahí dentro? ¿Soy yo realmente?

Si tú eres la persona que está leyendo este libro, ¿puedes decirme quién es el que está pensando otras cosas? Hay veces en que nos ponemos en «piloto automático», estoy conduciendo, pero luego me acuerdo de que estoy conduciendo, estoy trabajando y enviando algún tipo de informe, pero luego me acuerdo que estoy trabajando, ¿qué pasa? ¿Dónde está mi mente? Para poder dominarla se requiere mucho esfuerzo y dedicación, básicamente 24 horas en el día, es una lucha interna que tendremos con nosotros mismos porque no somos nosotros. Si eres creyente debes saber que esto es obra del enemigo; si no lo eres, debes saber que esto es obra del enemigo, en ambos casos no hay más explicación. Vivimos con miedo de lo que opine la gente de nosotros, cuando somos nosotros mismos quien tenemos pensamientos negativos los cuales no nos permiten crecer.

Quien domine su mente, dominará el mundo.

Capítulo XI
Superación y olvido

Existen innumerables páginas, libros y relatos de los cuales debemos «aprender», incluso de este mismo texto que estás leyendo. Citaré una reseña de una película la cual se llama *Eternal sunshine of the spotless mind* que relata una historia basada en lo más real que podemos sentir en nuestras vidas. Habla del apego emocional y de lo incapaces que a veces nos sentimos para olvidar a alguien. Ese es el problema: que las personas no se olvidan, las personas se superan; no existe en absoluto, ninguna máquina artificial, medicamentos o instrumentos que, por lo visto, nos borre la memoria.

Debo dejar de fumar, de beber, es posible. Persiguiendo las prescripciones de la moral en turno... me receto abstinencia, tiempo y soledad. Tiempo para sanar, abstinencia para superar y jamás buscar en otra persona lo que conlleva mi pasado y mucho menos caer en comparaciones, el duelo es grande, pero «borrar» sería el error más grande que podemos cometer en nuestra existencia. El error nos hace crecer, así todos sabremos lo que es amar y salir de la crisis existencial que provocan las rupturas. No evidenciar con hechos y buscar entre límites a personas que nos puedan complementar, permitirse no utilizar a personas como objeto de olvido. El error no es de las personas, es nuestro y junto a nuestra experiencia peregrina que estamos atravesando, no debemos permitir dañar a las personas, permitamos que cada uno viva su tiempo, la enseñanza viene de Dios, del universo de tu interior. Cuando menos nos demos cuenta estaremos preparados para una relación equilibrada, la paciencia es una virtud que no todos poseen, busquemos paciencia, busquemos plenitud en el interior y esto se verá reflejado en el exterior. Quien no es feliz solo, tampoco lo hará acompañado.

Existirán días en donde no podamos soportarlo, el dolor nos acechará tanto que no nos permitirá ni siquiera realizar las actividades más básicas de nuestro ser, como comer, dormir o respirar incluso. Imploraremos que los días se pasen rápido, pero el proceso es lento, se siente un vacío en el alma como que hubiéramos ayunado durante toda una semana. Se vendrán a la mente infinidades de pensamientos y entonces es donde empezaremos a cuestionarnos todo: lo que dijimos, lo que no y ese sentimiento de culpa que, en realidad ni siquiera existe, y es que dimos tanto por que funcionara y solo se desvaneció.

Es cierto que es uno de los dolores más grandes en la vida, casi como que muriera una persona, porque de cierta forma es así, te ves en una vida muy distinta a la que tenías en tu mente y nos sentimos incapaces de superar este dolor tan fuerte que nos atraviesa. Los brazos se nos encojen y existen días que ya ni siquiera puedes llorar porque, de hecho, llorar te liberaría, pero estás ahí entre el amor, el odio, el rencor y los pensamientos oscuros, impaciente porque pase todo. Sobre todo, deseamos con todo nuestro ser que nuestra maldita persona apreciada pueda sentir lo que sentimos. Existen ocasiones en donde queremos que sientan remordimiento y que nos pidan disculpas por habernos causado tanto daño y es que la mente no entiende que después de tanto amor entregado, las personas actúen como si no existiéramos en sus vidas. Este caso se da, sobre todo, al haber compartido tu vida con una persona psicópata o una persona narcisista.

El proceso es doloroso y nadie dijo que sería fácil, mantener el equilibrio es lo que nos hará superar esta situación. Es aquí donde se comienza con los delirios de un amor inquieto. Se piensa, luego se sueña, luego se agradece, luego se vuelve amar, luego se desprecia, luego nos da igual, luego nos da rabia, luego nos da risa, luego nos da ternura, luego nos baja la tristeza, luego volvemos a soñar:

Nos marchamos en definitiva, juré eternamente hacerlo por mi bien y el suyo, somos un amor acechante como de un cuento indio, nuestra historia no tiene nada que ver con una película de romanticismo de Disney, nuestras experiencias vividas no tienen nada que ver con la dulzura de un beso de cine, nuestras más íntimas conversaciones, secretos y desastres eternos no tienen nada que ver con despertar a un princesa en un cuento ficticio, nuestra historia fue real, tan real como el aire que respiramos, tan real como las hojas secas que caen de un árbol y estas se desvanecen en tus manos, nos quisimos a secas frente a un mundo poco moderno y ordinario, frente a situaciones desconcertantes y mundos paralelamente penetrantes, su vida era un secreto particular de la mía, cada situación que vivimos me adentraba más en mi propia alma.

Eras como un pequeño regazo de sol que palpaba de mi corazón, en definitiva, nos marchamos por tu bien y el mío, total luego nos encontraríamos en otras vidas, saldríamos por la mañana a beber un café y nos encontraríamos en la misma cafetería, mi mirada y la tuya seguirían siendo penetrantes, llegaríamos nuevamente a casa con una sensación de que ya nos habíamos conocido y quizá en esa vida ella sería menos obstinada y peculiar y yo sería menos extrovertida y totalmente discreta.

De cierta forma éramos un perfecto «tiro al aire» nuestros mundos eran muy similares, ella provenía de una niñez quebrantada de llantos y tristezas que la forzaron a madurar. Le robaron su identidad de niña y la hicieron madre, forzaron su tiempo como quien fuerza a un niño a dormir. Crearon en su mente desconfianza, miedos, inseguridades y poca empatía, tuvo que pensar por ella, se vio en las más difíciles situaciones de tener que generase amor propio y se convirtió en lo que hoy llamamos una narcisista o poco empática.

Su historia era como mirar un espejo propio, deben haber escuchado que «uno atrae lo que es». Enamorarme de ella fue enamorarme de mi propio yo oculto, sentía sus miedos e inseguridades como si fueran míos, sus problemas se adentraron en mi propia historia y llegué a entenderla a tal punto que logré experimentar y vivir lo que le ocurría. Adentrarse en esas tenebrosas sombras y peculiaridades que llevamos desde niños es como someterse al mismo infierno, es algo que te consume poco a poco.

La dulzura de sus brazos y sus piernas entrelazadas con las mías me hicieron perder la cordura, no era solo sexo, era como bailar conmigo misma, en ese momento ardía tanto nuestro cuerpo, que las gotas nos mojaban como una lluvia oculta entre nuestros poros. Ni siquiera era tanto el esfuerzo, era nuestra intensidad, esa confianza como que hubiéramos hecho mil veces antes el amor, el reencuentro de otra vida fue en esta.

Me consume poco a poco pensar en estas reiteradas historias, camino por las calles y la gente a mi alrededor me cuenta cuentos de que cada día será más fácil, cuando en realidad cada día que pasa se hace más difícil. Supongo que muchos estarán familiarizados conmigo, pues no somos miserables, nosotros sentimos la lejanía. Aquello que amas duele y el dolor te causa tristeza, la tristeza nos hace llorar y es lo único que tenemos para, en definitiva, soltar.

No podía *entendher* el cómo podía hacerme tanto daño solo con su ausencia, no podía comprender cómo una persona a la que había amado mucho, no tenía la capacidad de amarme como yo la amaba a ella. No podía comprender que si alguna vez vio en mí algo que le causó tanto daño fuera capaz de hacerme lo mismo en dos oportunidades. Es ahí cuando comprendí que uno justifica algún tipo de violencia porque en algún momento uno la ejerció; es ahí cuando me adentré y cada acto que pasaba se hacía más lógico. Las personas quienes justifican el abuso o el daño que les causa su pareja son porque de alguna forma se están justificando por actos que han cometido o serían capaces de cometer.

Cualquier ausencia de responsabilidad afectiva me hacía pensar en mi propio yo de mis relaciones pasadas. El universo fue tan sabio con ambas que nos puso en la misma vida, el mismo encuentro y el mismo canal solo para darnos a conocer nuestros propios defectos de fondo. Al recibir las fotografías que me habían enviado sentí rabia e impotencia. Ya habían pasado dos meses y el dolor era como un gusano que te atravesaba todo tu estómago, se sentía como un ácido y tenía náuseas, pero no vomitaba, tenía pena, pero no lloraba, tenía ganas de gritar, más no gritaba, me quedaba ahí llena de miedo analizando el ¿por qué?

Lo que para mí puede ser algo tan miserable e insignificante, para la otra persona puede ser tormentoso y doloroso. Es por esta razón que digo con exactitud que el dolor es causado por la resistencia y por el hecho de quienes somos nosotros. Nos resistimos a no volver a verla, a no sentir su aroma por las mañanas, a no sentir su cuerpo, a no escucharla cantar, a no oír sus enojos, a no percibir sus celos y a no darle comida en la boca.

El dolor que tuve fue causado por mi persona, porque a pesar de todo lo que habíamos vivido hasta ese entonces, volví a proyectarme, quería que fuera parte de un proceso importante de mi vida y más que eso quería que ella fuera mi vida. Organicé de nuevo mi vida junto a ella y me desarmó lo poquito que me quedaba de esperanza con ella. Hasta ese entonces yo había cambiado, lo sé, cada paso que hacía o daba me hacía analizar cómo sería una relación con ella, no quería una vida mediocre. A ambas nos gustaban una vida llena de lujos porque carencias ya habíamos pasado muchas desde pequeñas. La proyección que teníamos era fantástica, pero cada paso me hacía analizarla, en realidad, jamás comprendí por qué desconfiaba tanto de mí, en interminables conversaciones volvió a compararme con sus relaciones pasadas pensando que yo haría lo mismo y jamás lo hice.

Cuando terminaron todas mis rabietas e interminables dolores, comprendí que si en definitiva me amaba, la forma en que lo hacía era dañina. Sé que yo había cambiado mucho hasta ese entonces; los celos me provocaban náuseas, los miedos me despertaban los deseos de beber alcohol y tener alguna discusión me atemorizaba. Conocí un poco más su personalidad ya que yo aún la amaba. Sin embargo, no me gustaba su manera de amarme, en muchas ocasiones me hizo dudar. Había días en que era muy distinta, durante esos días intentaba decirle lo feliz que me hacía, pero el día llegaba a su final y al siguiente no sabía si me amaría o no.

Podríamos haber sido la pareja más feliz y apasionada del mundo porque así me lo propuse, pero un bote no funciona solo con un remo. Hasta ese entonces comprendí que, en definitiva, alejarnos era lo más óptimo que podríamos hacer por nosotras, aunque la amara, sé que de alguna forma yo provocaba algo en ella que le hacía daño. Provocaba celos e inseguridades, proyectaba en mí una relación pasada que le causó daño y hasta que no sanara ese capítulo en su vida, seguiría teniendo miedo conmigo. Decidí no culparla, pero seguía sintiendo dolor y tal como comencé este capítulo, había días en que la odiaba y otros en que la amaba y llegué a pensar que, si algún día dejo de sentir rencor por ella, quizá sea lo único que nos quede.

Sin embargo, agradezco y le dedico esta canción:
Vuelves en cada sueño que tengo.

Caigo de nuevo en tu red.

Sé que tarda un tiempo.

Curarme de ti, de una vez.

Tuve tantos momentos felices.

Que olvido lo triste que fue darte de mi alma.

Lo que tú echaste a perder.

Yo no quería amarte.

Tú me enseñaste a odiarte.

Todos los besos que me imaginé.

Vuelven al lugar donde los vi crecer.

En Saturno viven los hijos que nunca tuvimos.

En Plutón aún se oyen gritos de amor.

Y en la Luna gritan a solas tu voz y mi voz pidiendo perdón.

Cosa que nunca pudimos hacer.

Tienes la misma culpa que tengo.

Aunque te cueste admitir.

Que sientes como siento.

La almohada no suele mentir.

Me duele que te dejo con la pena y el dolor.

Soñando que estés bien y que des de tu vida lo mejor.

Como conmigo no quise perderme de nuevo e intenté ser yo, jamás la engañé, pero a los infieles les cuesta creer en la fidelidad de las otras personas. No tuve la más mínima intención, tuve en mi mente ganas de hacerlo, pero era ella la única para mis ojos. Mi ego fue causal de engaños y mentiras, no quería ser menos que ella pues le dije las mismas palabras que ella quería escuchar. Con sinceridad creo que esto fue por amor, no quería que se sintiera vulnerable en lo que estaba haciendo o en lo que había hecho pues, ¿quién era yo para juzgarla?

Sentía su miedo, la vulnerabilidad de estar sola y ese espantoso apego. La única forma que tenía de olvidarme de mis parejas en ese entonces era estando con otra persona, al fin y al cabo «un clavo saca otro»; siempre lo pensé de esa forma y, en efecto, me resultaba, pero solo durante las primeras semanas. Al pasar los meses comenzaba a extrañar mi pareja anterior, a la que había dejado. Esto me sucedió a lo largo de mis primeras experiencias en relaciones amorosas. Entonces, ¿quién era yo para juzgarla? Las mujeres suelen sentirse carentes de halagos, nos encanta que nos digan cosas bonitas, que nos complazcan y es parte del ser humano querer sentirse querido.

Pero la escribía en cada una de mis líneas y letras y era protagonista de mis más hermosos sueños y terrorista de mis peores pesadillas. A menudo me imaginaba con ella, cuando estábamos juntas soñaba con ella como una persona que me hacía daño, cuando estábamos lejos soñaba con ella como que fuese mi pareja. Podría afirmar que nunca me había pasado algo así, sus interminables incongruencias me confundían, al adentrarme de forma más intensa en su corazón más me perdía.

Tenía un corazón oculto, pero creo que a pesar de todo lo que ya había ocurrido hasta ese entonces, fui la persona que más indagó en sus sentimientos, quien se enamoró de su pasado, presente y futuro y quien podría llegar a ese nivel con una persona. En lo personal, me sentiría halagada si me escribieran cartas y poemas, ya que es la forma más bonita y sincera que tenemos de expresar algo por alguien. Las palabras no son todo en nuestras vidas, son una torpe manera de comunicarnos, decimos y prometernos cosas que no sentimos o no hacemos. Somos demasiado buenos para hablar, sin embargo, de todas las personas más inteligentes del mundo, algunos ni siquiera hablan.

De cierta forma los lazos amorosos se vinculan mucho a estas buenas relaciones y estoy en total de acuerdo con que no es todo, pero es parte de un todo. Por fortuna, este tipo de sensaciones podemos experimentarlas con personas que amemos y la intensidad será la misma. No es algo físico, es algo intangible. Un deseo hormonal se compra en la vuelta de la esquina por veinte mil pesos la hora, un deseo no tangible y pasional requiere de espera, paciencia, amor y respeto.

Pero éramos un tiro al aire, su vanidad apagaba su dulzura, mis constantes enojos y cambios de humor opacaban mi pasión, recordemos el tema del equilibrio expuesto en capítulos anteriores. Demasiado sexo estorba, falta de este, delimita. No se puede permitir a los animales y a los niños comer más de lo que quema su cuerpo ya que todo debe ser a medida. Los cálculos se encuentran en todas nuestras acciones, ya sea para preparar un postre perfecto, mantener nuestro peso ideal o llegar a un orgasmo en una relación íntima y sexual.

Imagínense que el cuerpo de la mujer es tan perfecto que debes saber con exactitud dónde tocarlo, de qué forma hacerlo y cuándo saber detenerte. Experimentar a una mujer es conocer el campo de rosas que lleva a la locura. Lo mejor que pude hacer fue no verle la cara y me declaro culpable de cobardía; jamás miré su rostro o sus ojos, jamás volví a sentir sus manos ni le expresé mis sentimientos de rabia, porque de haberlo hecho, con solo ver su rostro y mirar sus ojos, ya me hubiera convencido.

Capítulo XII
El viaje al origen

Luego de un tiempo, me permití adentrarme en mi ser, me gusta la idea de iniciar un viaje placentero junto a ustedes, por todo lo que quiero transmitir. Bajo las experiencias que he tenido tomé la decisión de realizar un viaje al origen de todo, que consiste en organizar mis ideas, mis pensamientos y mis orígenes porque había perdido mis principios como persona. Lo peor de todo es que me había perdido a mí.

El viaje consistía en un viaje astral; estuve nerviosa días antes de realizarlo e incluso dudé en hacerlo. De nuevo tuve miedo de decirle a la persona que amaba que me tendría que ir de viaje: los antecedentes que había expuesto hacia mi persona no eran favorables para poder comentarle algo así. Lo que yo quería, en realidad para ella era una falta de respeto y yo me encontraba aun sumergida en ella y en sus pensamientos más oscuros. Este amor me hizo perder la conciencia y la razón hacia mi persona, necesitaba hacerlo y sentirlo.

Partí rumbo a una hermosa ciudad ubicada en la quinta región llamada Mantagua. Mi eterna y fiel amiga Camila, nos llevó hacia allá; el rumbo esta vez no lo tomé sola, fui con mi hermana. Llegamos a una casa hermosa llena de riqueza espiritual, rodeada de árboles y de naturaleza en donde en el interior de ella habitaban los «niñitos del bosque». Al principio logré «entender» el concepto, luego de experimentarlo, al final terminé por *entendher* de qué trataba.

Resulta que al llegar nos reunimos con un grupo de dieciocho personas, cada uno con sus propias cargas, mochilas y energía, pero con un solo objetivo en común «conocer el origen» de todas nuestras causas, problemas, males, genios, formas de ser. El origen de atraer personas, el origen de por qué me siento mal. Con el grupo se logró una conexión tan espiritual que con el paso de las horas ya eran parte de mí. Con sinceridad debo expresar que me sentí protagonista de cada historia de sus vidas, sentía una conexión; mientras más contaban y relataban sus historias más me identificaba como persona. Increíble es el poder de conexión espiritual de quien conecta contigo mismo. El universo te muestra que no debes conocer mil años a un ser, sino conocer su origen, ya que es lo que en verdad te hará conectar con las personas.

Ahora puedo entender que el verdadero origen de todo está en todo y en todos, ahora puedo comprender que somos parte de algo más grande de lo que nosotros creemos, que nuestra mente es ingenua hoy en día con tantas redes sociales. El conocimiento se va formando de forma perezosa y nos hemos convertido en personas de poca fe, de poco afecto y de poca empatía con nosotros mismos.

Lo primero que hicimos durante el «viaje al origen» fue escribir una carta a nuestro yo futuro de diez años más con el objetivo de contarles por lo que estábamos atravesando y nuestro propósito de por qué ir a ese retiro espiritual. Varias personas del grupo escribieron cosas hermosas, algunos tomaron la opción de leer sus cartas, otros solo contar sus experiencias y cómo se sintieron al escribirse a sí mismos.

Al analizar esta situación la única certeza que tenemos en esta vida es que siempre estaremos conviviendo con nosotros mismos.

Es él a quien debemos escribirle nuestras cartas, contarles nuestros propósitos en la vida y, en definitiva, honrar nuestras creencias y jamás minimizar nuestros sentimientos, expresiones, dolencias, vivencias y experiencias. Una vez que ocurre esto y, lo canalizamos de forma tan profunda dentro de nuestro ser, no podemos permitirnos que terceras personas nos hagan sentir lo contrario. Jamás permitiremos que nadie nos haga titubear y, mucho menos, poner en duda que no somos importantes y que nuestros sentimientos no cuentan.

A continuación, les escribiré el relato de lo detallado dentro de un bosque que, junto al sol, el oxígeno emanado desde los árboles y el viento creaban un perfecto equilibrio. El relato es el siguiente:

Querido yo, quiero contarte mis experiencias que llevo a lo largo de esta vida. He triunfado mucho, llegué a ser una profesional a mi corta edad, pese a todas las adversidades que se presentaron durante mi infancia. Hoy tengo una buena formación profesional en el ámbito laboral, pretendo seguir capacitándome y educándome de manera profesional. No tengo muchos amigos, pero los pocos que tengo los valoro con mi alma, si bien conozco mucha gente, son pocas las personas que me han apoyado en cada uno de mis pasos. Me he relacionado bien con mi entorno, sé escuchar, hablar, entendher, lo que me ha generado una comunicación fluida, afectiva y social con mi entorno. Sin embargo, hay algo en mí que ha fallado querido yo y es el amor. Me siento interrumpida de forma constante por las diferentes personas a lo largo de mi vida, en donde he sentido que he fallado en muchas ocasiones.

Siento que me pierdo cada vez que encuentro a una media naranja, me siento tan dedicada a las otras personas que, en muchas ocasiones, se me olvida mi propio ser. Siempre, siempre querido yo doy prioridad a personas antes que, a mí misma, he empeorado querido yo. Al comienzo todo era más tranquilo, pero cada vez que paso de una relación a otra, me sumerjo aún más en sus propias miserias, dejando de lado las mías. Siento que el amor es mi talón de Aquiles, la piedra que no me deja avanzar. ¿Por qué, querido yo? ¿Si dos son más que uno? Me he pasado toda mi vida de relación en relación, sin permitirme ningún espacio conmigo misma. Y lo que quiero encontrar es el «origen de todo».

En muchas ocasiones me encontré siendo una persona del lado A, dañando a otros sin darme cuenta y jamás por amor propio, sino más bien por culpa del ego. Luego de un tiempo me empeñé tanto en cambiar que me terminé pasando al otro extremo en mis relaciones; pasé de ser agresora a víctima. Y es que en ningún caso me hace sentir bien, ya que, a pesar de todo y todos, la cantidad de amor que llevo conmigo en mi interior no se negocia, más bien permanece en cada parte de mi vida, siempre queriendo intentar ayudar al de al lado y es que, en esa faceta de querer siempre ayudar, a veces también he terminado dañando a personas que no querían apoyo.

En teoría entendí que no somos capaces de ayudar a nadie porque las personas deben ayudarse por sí solas, incluso si de forma física alguien se accidentara en un accidente automovilístico, intentar sacar a una persona de un auto le provocaría daños físicos en todo su cuerpo. Quizás hasta le podemos quebrar alguna parte de su cuerpo con el único objetivo de querer ayudarlo.

En definitiva, podemos ayudar a alguien, pero debemos tener presente tres situaciones:

1. La primera es que la víctima sea consciente de que necesita ayuda y él o ella te la pida.
2. La segunda es que, si no estamos capacitados, desde un punto de vista mental y física para realizar este acto de amor, no

podremos ayudarlos. Hasta un rescatista necesita capacitarse durante años para poder salvar vidas.

3. Aprender doctrinas de Dios es posible, pero requiere de años de práctica.

A lo largo de este libro les he ido comentando acerca de los tipos de personas que rodean nuestras vidas y que, de alguna forma, nos involucran con sus distintas doctrinas, en las cuales nos vemos envueltos. Ahora quiero indagar un poco más allá acerca de este tema, teniendo en cuenta nuestras diferencias y tipos de pensamientos en nuestras vidas, les he dicho en un comienzo que no creo en absoluto que exista una sola verdad y que la verdad la construimos entre todos; incluso las personas que vienen a perjudicarte están enlazadas de manera perfecta con nuestras formas de pensar.

Comencemos por lo básico desde aquel nacimiento, en el cual eres un vaso vacío el cual no ha sido llenado. Empiezas con pequeños gestos y muecas y poco a poco comienzas a adquirir confianza para transmitir lo que tus padres te incitaron a que transmitieras. Puedes hablar español, inglés, portugués, francés, árabe o cualquier tipo de idioma que se te enseñe, eres una esponja succionadora. Al ir creciendo, además de aprender sobre lo que dictan tus padres, comienzas a asimilar los pensamientos de tus amistades o del círculo en el cual te rodeas. Sigues adquiriendo conocimientos incluso gestos o palabras que tus padres desconocen. En muchos casos no han tenido padres, por ende, la capacidad de obtener información es mucho más amplia; tu vaso está aún vacío. Ahora bien, todo sería perfecto si solo adquiriéramos conocimientos correctos ¿cierto?, ¿pero cuál sería el objetivo de la vida si no estuviéramos llamados a equivocarnos?

Les he comentado que el exceso de algo nos hace débiles como seres espirituales, pero el entendimiento viene de Dios, viene del universo y lograr entender cómo se forma cada partícula de tu cuerpo es entender el hecho del por qué algunas personas actúan de la forma que actúan. Por ejemplo, si nos hubieran enseñado no vestirnos y andar desnudos, sin vergüenza absoluta, así como ocurre en muchas tribus de diferentes países, no sería morbo, sino una costumbre adquirida.

Si nos hubieran dicho cuando éramos pequeños que la guerra es buena y que luchamos a favor de la patria, quizás lo creeríamos y destruiríamos y mataríamos personas en nombre de las ideologías adquiridas, pero ¿quién es el culpable? Si cuando eras niño te enseñaron a golpear mujeres, a tocarlas y a abusarlas ¿quién es culpable? Pensarías que tus padres lo serían, pero ¿quién le enseñó esto a tus padres?, tus abuelos, ¿cierto? Y a tus abuelos, ¿quién les enseñó a ser de la forma que fueron? Y así podría seguir indagando sobre el linaje de tu sangre. No busquemos culpables, pecadores o personas malas, el secreto de la vida consiste en renacer de nuevo desde el vientre de tu madre. Enseñemos a medida que podamos enseñar, pero más que eso, aprendamos de cada episodio de nuestras vidas y de cada persona que conocemos.

¿Qué pasa si desconocemos nuestro pasado o solo intentamos evadirlo sin hacerle frente? Lo que hacemos es darnos la espalda y desconocer nuestros orígenes. Durante este viaje al origen tuve una regresión hacia mi pasado. Mi objetivo principal era entender el por qué me fijaba siempre en el mismo tipo de personas y de alguna manera u otro me hacía tanto daño a mí misma. La experiencia fue algo muy distinta, descubrí algo demasiado fuerte en mi vida, el cual, con muchas probabilidades había sido borrado en mi mente con el objetivo de lograr «avanzar».

En mi regresión aparecían reflejos y destellos en imágenes en tercera dimensión producto de la psilocibina que proviene de los hongos medicinales, que fue uno de los tres tipos de medicinas adquiridas. En mi viaje, de manera increíble, apareció mi madre, pero no la madre que siempre tuve, sino una madre distinta a la biológica. Dentro de mi regresión apareció mi tía, hermana de mi madre, y no lograba entender el porqué de su presencia. Aparecía en mis recuerdos de pequeña, luego de esto comencé a sentir el rechazo de mi padre, estaba presenciando en ese preciso instante todo lo que había ocurrido el día de mi nacimiento. Era lógico, yo estaba buscando el origen de todo y al final lo había encontrado. Fue muy impactante y comencé a llorar con un llanto desgarrador, en mi vida había llorado con todas mis fuerzas y con toda mi alma. Sentí un desapego mientras aparecían los recuerdos y recuerdos, asimismo me sentía conectada a la energía que se presenciaba en el lugar. Ese era el momento perfecto de sentir aquello que debía sentir.

En mi encuentro con mi yo interno descubrí a mi madre verdadera en espiritualidad y las creencias que había adquirido con ella. Aquella mujer había presenciado mi propio nacimiento y fue la primera en tomarme en sus brazos, comencé poco a poco a avanzar hacia el desapego emocional que me provocó la ruptura y el lazo entre mi madre espiritual y mi persona. A medida que se iba pasando el efecto de la psilocibina comencé a unir muchos eslabones perdidos en mi vida y del por qué mi propio certificado de nacimiento contaba con fechas distintas respecto a mi fecha de nacimiento e inscripción, había una diferencia de alrededor de un año con respecto desde el día en que nací y con mi inscripción en el registro civil chileno.

El retiro espiritual cumplió su objetivo de llevarme al origen de todo, ahora era parte de mi trabajo poder transmitir esta información, canalizarla y utilizarla a mi favor. Al llegar a casa, con una mente mucho más amplia a escuchar cualquier cosa que me decían, sin que esto me afecte, conversé con mis dos madres, pero de forma separada con mis ideas claras e intentando resolver conflictos.

La historia tenía mucho sentido, resulta que antes de nacer jamás estuvo en los planes de mis padres que yo naciera. Una separación y conflictos en la relación fue lo que provocó que mis padres biológicos intentaran abortarme antes de mi nacimiento, fue algo así como un parto no deseado o forzado. No tenía un padre al momento de mi nacimiento por lo que mi madre dio a luz solo acompañada de mi tía, quien fue la que me tomó en sus brazos y generó un vínculo irrompible de energía. Mi yo interior fue quien eligió a su madre; se dice que son los hijos quienes escogen a sus padres por alguna razón. Y quién sabe, en realidad si el útero puede ser compartido.

Al descubrir a mi verdadera madre, y con esto no quiero decir que quien es mi madre hoy en día no sea mi madre real, comencé por analizar las situaciones que se me habían presentado en mi vida. A medida que fui creciendo comencé a tener mucho vínculo con mi tía, quien es mi madre también. Recuerdo siempre pedirle su ayuda para poder salir de la vida en que vivía en ese entonces con mi padre biológico, quien también fue arrastrada por su infancia a cometer los mismos errores que cometió su madre, ya que siempre se enredaba en relaciones agresivas y abusivas. Hablo con conocimiento sobre este tema porque sé que existen muchas personas que aún viven esta situación y es complejo salir de ahí.

Pero también debemos entender que esto de alguna forma nos enseña un crecimiento personal. Al irnos de la ciudad natal a vivir a otra ciudad con un hombre agresivo, a quien yo llamaba papá, me hizo adoptar creencias vinculadas a favor de la violencia física y psicológica. En algún momento de mi vida recuerdo que llegué a creer que la violencia era el único acto para ganar una discusión. Las «doctrinas adquiridas» nos van formando día a día y si no llega el momento del renacimiento podríamos decir que estamos condenados a adquirir las mismas creencias que adquirimos de niños y repetirlas a nuestros propios hijos, pasándolas de generaciones en generaciones. Lo positivo es que es posible cortar el cordón umbilical espiritual que cada uno posee con las personas que nos cría.

A raíz de esto comencé con patrones bastante marcados en mi niñez; cuando nos cambiamos de ciudad se generó una separación con mi madre espiritual, que era mi tía, y recuerdo haber llorado cada día que la llamé por teléfono. Recuerdo sentir cada día su pérdida y generé cierto enojo y rabia interior por haber sido de alguna forma abandonada tanto por mi padre legítimo como por mi madre espiritual. Sé que de alguna forma esto parece un trabalenguas y es que la vida es fantasiosa a tal punto que suena irreal en muchas ocasiones, pero es tan real como la respiración que llevas dentro. Al sentir ese desapego emocional con la mujer que sentí mi madre, comencé a buscarla en cada una de las mujeres que conocí, de esto no me daba cuenta cuando era pequeña, pero ahora lo puedo ver con mucha más claridad.

Comencé relaciones amorosas con mujeres y cada vez que conocía a una mujer, de cierta forma quería contarle a mi madre espiritual que había conocido a alguien. A medida que fui creciendo en mi adolescencia y regresamos a mi ciudad natal, mis gustos eran distintos y cuando me atraía alguna mujer me volvía loca por ella hasta conseguirla. Con el tiempo me fui enamorando de cada una de mis parejas con todo el corazón, me prometí a mí misma que nada les faltaría en lo absoluto y que lucharía día a día para no perderlas. Esto me paso de manera muy recurrente, pero cada vez con más fuerza.

Este nivel de posesión alocado que tenía por conseguir lo que quería, me convertía en una persona bastante obstinada, pero de alguna forma no me daba cuenta que yo buscaba a mi madre en cada una de ellas. Claro ejemplo de esto es que mi tía bebía mucho alcohol entonces, por lo general, las mujeres con quienes mantuve relaciones intensas tenían el rasgo que aparentaba mi madre espiritual. No es que fueran alcohólicas, más bien cuando bebían generaban ciertos rasgos de violencia, desorientación o cambiaban de apariencia y en sus formas de ser.

Una de las relaciones que más me marcó fue con una mujer que se parecía bastante a ella, no en aspectos físicos más bien en la manera en cómo hablaba, cómo bailaba, lo mucho que le apasionaba la música. A partir de la locura con la que la amaba, comencé a generar dependencia emocional, ya que no podía permitirme perder de nuevo un amor, entonces las veces que mantuve discusiones nunca sabía cómo irme y dejar que las cosas se calmaran. Solía tener mucho miedo de perder, de nuevo, a alguien. Fui pasando, muchas veces, de relación en relación logrando recuperar ese vacío que me dejó mi madre.

Y créanme que eso duele mucho más a las personas que nos damos cuenta y somos capaces de cometer errores. La dependencia emocional se crea; buscar el origen de esto nos hará libres de alguna forma, ya que nos podremos reconciliar con nuestro pasado para poder crecer. El primer gran paso para reconciliarnos con nosotros mismos es asumiendo nuestros errores y engrandecernos de dónde venimos, porque gracias a eso somos lo que hoy en día somos. Las personas narcisistas también se crean a partir de estos tipos de doctrinas adquiridas. Sin embargo, la diferencia es que se olvidan de dónde vienen, buscan borrar por completo su pasado y crean un mundo nuevo en su mente, en donde son perfectos y por supuesto que llegan a lograr ser grandes personas, porque lo creen y lo sienten.

Pese a esto, se encuentran de forma constante, en la búsqueda de algo porque existe un vacío en su interior que ellos mismos desconocen. Creo en el cambio y en la mejora de las personas, por eso existen libros, psicólogos, medicinas e innumerables hábitos para poder crecer. Sino creyera en el cambio de una persona tampoco creería en el renacimiento, pero lo que puedo asegurar es que nosotros por mucho que amemos a alguien no podemos cambiarlo. Cada persona debe darse el tiempo de conocerse, los tiempos de Dios son perfectos y cuando interrumpimos el camino que está generando solo retrasamos nuestro crecimiento.

Las creencias adquiridas tienen la fuerza de las generaciones, pero nosotros tenemos la fuerza de la energía y el universo es sabio, sabe con precisión quién debe cortar ese lienzo. A cada uno de nosotros nos llamaron para ser luz en nuestras casas, pero antes de eso, debemos encender nuestra vela interior ungida con aceite para sanar nuestros corazones y eso es una de las grandes enseñanzas que me dejó este retiro, ya sabía cuáles eran mis debilidades y mis doctrinas adquiridas, pero ahora ¿qué hacía con esta información?

Me sometí a mí misma en un profundo interrogatorio, intentando hallar respuestas y es que me di cuenta que estuve demasiado tiempo buscando respuestas en terceras personas, demasiado tiempo esperando que las personas que conocí «cambiaran».

Esa pequeña ilusión que se lleva dentro la cual nos dice: «Él o ella algún día cambiarán», pero ¿por qué? ¿Qué es lo que esperamos? Seguramente me dirán: «Yo necesito que mi pareja comience a valorarme, necesito que en mi trabajo me den el valor que necesito, que mi esposa o esposo me del amor que requiero, que mis hijos me den el respeto que merezco, que mis amigos me den la lealtad que necesito, que mis padres me den el cobijo que me ha hecho falta o que simplemente las personas me vean».

El cuestionamiento a estas preguntas fue un mar de lágrimas, al darme cuenta de que en realidad yo no me estaba dando el valor que necesitaba, el amor que pedía, la lealtad, respeto que merecía y el cobijo que me hacía falta.

Cuando los cambios comienzan desde adentro hacia afuera, son cambios llamados renacimientos, cuando los cambios se enfocan en un tercero, eso está destinado al fracaso.

Capítulo XIII
¿El conflicto es generar cambios o mejorar a nivel personal?

¿Cuál es el conflicto principal de querer cambiar a una persona? es la principal incógnita. Primero debemos saber que las personas no cambian porque tú les digas que cambien, existen personas que mejoran y van evolucionando de cierta forma en sus distintas doctrinas y experiencias, pero este requiere, como lo hablo en el capítulo anterior, de un cambio personal, es decir, de plantear que quiero «mejorar» ciertas situaciones perjudiciales para mi vida, porque solo no me están llenando, complementando o satisfaciendo.

Sin embargo, es ahí donde comienza un proceso de «transformación universal» en el interior de cada uno de nosotros. De alguna forma vamos intensificando nuestros cambios y mejoras personales que queremos para lograr nuestro equilibrio en la vida, nuestra plenitud y, en definitiva, nuestro propio amor. Si nos damos cuenta, estamos hablando de un sistema personal de cada uno de nosotros, los cuales nacen primero a partir de la identificación, como en todo proceso o ciclo de vida. Si yo no identifico en dónde se encuentra el factor desencadenante dentro de mi ser, no podré superarlo.

Es como proponer una medida correctiva ante algún accidente. ¿Cómo evitar que vuelva a ocurrir? No sabremos porque no hemos investigado la causa del origen y este accidente se repetirá una y otra vez hasta que al final podamos descubrir la causa del origen. Entonces, imagínense el grado de descubrimiento personal que debemos realizar para poder eliminar nuestras fallas de base y utilizarlas para el crecimiento personal. Es posible, claro que es posible, de lo contrario no estarías leyendo este libro, pero quiero que analicemos la otra situación, la situación de «cambiar» a alguien más.

En la mayoría de los casos, se da mucho en las relaciones en donde queremos «cambiar» a nuestras parejas o, en definitiva, mejorarlas e intentamos aportar a la mejora de esta persona. A veces, se conversa sobre todas sus falencias para que pueda cambiarlas y mejorar en la relación, pero si no nace de esta persona y no intensifica esto en su ser, estamos perdiendo todo nuestro tiempo. También puede mejorar y cambiar con el único objetivo de complacernos o viceversa.

Es muy común escuchar a parejas que terminan sus relaciones y vuelven hacer todo lo que dejaron de hacer mientras se encontraban en su relación, todo aquello que prometieron dejar: por ejemplo, en el caso de un hombre o de una mujer dependientes, desde lo emocional, y alcohólicos quizá encuentren una pareja que los ayude a cambiar esos hábitos negativos que no proveen nada para su vida. Pero qué pasa cuando la persona alcohólica deja de beber, genera abstinencia y proyecta su adicción en otras drogas, lo que lo conduce en efecto a «cambiar» a cambio de sexo, compañía, afecto, etc. Pasarías tú a convertirte en una «droga» para tu pareja y en el momento que lo dejes o la dejes en un 99,9 % comprobado que volverá a beber. ¿Por qué?, porque jamás identificó su problema, solo lo hizo por ti.

Hubo un momento en mi vida en donde me vi empeñada a «cambiar» o más bien intentar que mi pareja mejorara. Existían muchos aspectos negativos en su vida, ella jamás se daba cuenta de sus errores, carecía de afecto emocional hacia otras personas y creía que todo el mundo se encontraba en contra de ella. Intensificó tanto eso en su vida que solo así se le fueron dando las cosas, todo lo que ella se decía a sí misma era todo lo que pasaba a su alrededor. Solía pedirme que empatizara con ella y con claridad lo hacía en muchas situaciones, pero no compartía ciertos aspectos de su vida.

En reiteradas ocasiones le mencioné que debía dejar ciertos patrones de lado, que no todo era tan malo en la vida y que había que aprender de todas las situaciones que se nos presentaban y comprender por qué nos ocurrían y recibía respuestas tales como: «Tú no me entiendes», «tú eres poco empática», «ojalá te pase esto algún día para que te des cuenta de lo que se siente» y en más de alguna ocasión me mencionó que yo la hacía sentir culpable de todo.

Es aquí donde me detuve y empecé a cuestionar mi apoyo hacia ella y como mi objetivo siempre fue querer que ella mejorara y cambiara para bien, comencé a cambiar de manera drástica. Me metí en su interior y quise experimentar desde lo más profundo de su corazón, intenté meterme en su cabeza, cuerpo y alma, hice de sus problemas mis problemas. De alguna manera me adentré en su vida y lo que vi fue un camino en total oscuridad y lleno de negatividad. Me pareció triste que una mujer tan inteligente atravesara por todo eso, la incentivé de manera que sus problemas fueron los míos. Ya no tenía mis problemas propios, más bien los de ella se volvieron parte mía y llegué al límite de comprenderla y entenderla tanto que, poco a poco, me estaba convirtiendo en ella misma.

Viví las mismas situaciones laborales, los mismos proyectos, los mismos intereses y la falta de empatía hacia los demás y hacia mi propia familia. Eso también le parecía mal de cualquiera de sus parejas, no compartía la idea de apoyarse en sus familiares o amigos en situaciones difíciles, solía buscarlos siempre que los necesitara, pero carecía de esto cuando ellos la necesitaban a ella. Me convertí en el tipo de persona que jamás quise ser, poco a poco comencé a apagarme, mi luz se vio cada día más oscura y a pesar de todo el esfuerzo que hice para adentrarme en su interior y entenderla, al final y luego de tanto esfuerzo, me lo cuestionó: «Siempre estás llenas de problemas», «tú vives lo mismo que yo y no necesito esto en mi vida», «necesito personas que no tengan problemas para que me puedan ayudar», «no necesito esto en mi vida».

Llegué a tal colapso nervioso por sentir que todo me parecía tan mal, que solía despertarme con una sensación de que algo no andaba bien. En ocasiones soñaba que me engañaba, en otras, que solo no me amaba. De a ratos sentía un amor inmenso de su parte, sobre todo, cuando le hacía un favor, pero no era yo, sé que en ocasiones intentó mejorar, pero la constancia no fue su fuerte, decaía y sentía un dolor en mi alma que me ocasionó, además de falta de energía, la falta de ganas de levantarme para ir al trabajo. Sentí todo lo que en algún momento ella sintió. Pero no sirvió para nada, ahí es cuando comprendí y reflexioné lo siguiente:

«Quizá no deba cambiarte de aspecto o de nombre, no estamos aquí para ayudar a cambiar a nadie, cada uno tiene su propósito en esta vida, algunos de aprender y disfrutar de cada momento y otros solo para joderte, ¿es curioso no? Que de las personas que más aprendemos es de las que más te joden, pero ahora entiendo… Ese era su propósito, joder y que tú crecieras como persona.. De alguna forma u otra este tipo de personas nos enseñan que nuestro propósito en esta vida es mucho más grande que el de ellos o ellas y que, de manera satisfactoria, son todo lo que no queremos para nuestra vida.

Existen personas que saben con claridad que están de «paso» y con esto me refiero a que tienen identificado cuál es su propósito en esta vida. He escuchado en innumerables ocasiones decir cosas como: «Las personas con las que he estado al dejarme siempre mejoran», en lo personal me sentiría mal que eso me ocurriera, de alguna manera comprendería que mi propósito en esta vida es joder la de los demás para que crezcan como personas, pero de igual forma lo agradecería.

De cualquier manera, con sinceridad, sería un enorme pecado decir «las personas no cambian» y luego escribir fragmentos de cambios personales, mejoras espirituales, modificación de hábitos y maneras de actuar. Me jactaría de que aprendí a amar bonito y que la vida me ha golpeado, que he salido adelante, de que cada caída me ha hecho crecer, de que he mejorado y amo el maravilloso ser en que me he convertido. Sin embargo, ¿no creo en el cambio de los demás? No podría tener doble moral, hoy te puedo afirmar que las personas sí cambian y que, incluso, los narcisistas cambian. Vengo de tinieblas y tormentas y en muchas ocasiones me convertí en las propias sombras de las personas, también herí, también lastimé, también no amé como correspondía. Hoy puedo decir que creo en el cambio de las personas porque creo en mí y yo he cambiado.

Por lo general me gustaría escribir y decirles que ella o él no cambiarán porque eso te diría todo el mundo; lo que yo te diré es que no somos los responsables de aquel proceso y de que ya lo hemos intentado en reiteradas ocasiones. No esperemos nada de nadie, las personas tienen sus propios procesos, acelerar el proceso de alguien también es acelerar su muerte. Debemos entender que cada uno de nosotros viene con un objetivo principal a la tierra, el primero, con claridad, es vivir y el segundo es para qué vivir. Queramos o no somos parte de algo más grande de lo que nosotros mismos podamos comprender y cuando comienzas a indagar dentro de ti vas descubriendo bellezas que no tenías en mente.

Pensar demasiado en el proceso de cambio de otras personas duele y nos deja de lado a nosotros mismos como ser, quizá me digas, ¿pero yo la amo o yo lo amo? ¿Cómo podría abandonarle y no ayudarla a cambiar? La mejor forma de ayudar a cambiar a alguien es dejándolo conectado con él mismo, entorpeces su camino como mencioné; puede mejorar, pero se hará dependiente de ti y tienes que lidiar con que a una persona si el día de mañana le faltas, morirá de pena. La mejor y más bonita forma de amar a alguien es soltándolo, de tal forma que se encuentre con su ser; si es para ti te aseguro que volverá y si no pues se marchará, quizá su proceso de cambio no lo puede hacer contigo. De alguna forma u otra eres un tropiezo al igual que él o ella lo son en tu vida, ámate primero, segundo y tercera vez, no te pierdas en el intento de querer ayudar a alguien.

La vida se mezcla de una forma perfecta desde que nacimos, a nuestros niños de pequeños los sobreprotegemos demasiado, hay personas que no dejan que sus hijos jueguen con el lodo, que sus manos se ensucien y que jamás los dejaron meterse a la piscina porque podrían lastimarse. Esta protección, si bien se trata de amor, es un síntoma de «no puede vivir sin mi» y no quiero o pretendo cambiar tus creencias, lo que quiero es que veas la realidad de esto. Ese niño no generará defensas, enfermará de forma constante por cualquier cosa y dependerá por sobre todo de nosotros. ¿No es un síntoma de una persona narcisista? ¿Quién quiere que dependamos en todo de ellos? En absoluto digo que tú seas un narcisista, pero estás actuando como uno de ellos.

Desde nuestra infancia nos han enseñado que a las personas que amamos las debemos soltar, para que puedan crecer; los hijos vuelven a sus padres, los animales vuelven a sus dueños, y si es amor volverá a ti, más si nunca lo fue, déjalo que se vaya y que cambie y mejore por su cuenta. No es tu responsabilidad, le entregaste compañía, amor y respeto; su proceso de cambio no lo pudo realizar contigo y en definitiva, agradece, el universo es bondadoso con nosotros solo que no nos damos cuenta, nos fijamos en las cosas malas que nos ocurren en vez de agradecer el «por qué» me ocurre. Cuando nos convertimos en seres agradecidos el universo es aún más bondadoso. Despertemos y digamos un día: hoy agradezco por no tenerle, más bien sé que estamos en un proceso de transformación, sanación y cambio, quizá el tuyo es mucho más grande que el de él o ella, quizá su cambio involucre a más personas o víctimas en su camino. Tú agradécelo, porque ya no eres una víctima o un sustento.

Existirán días buenos y malos, mantener un equilibrio en la frecuencia vibratoria de la vida también consiste en perder parte del equilibrio, incluso la música en su perfecta magnitud de gama de instrumentos musicales no vibra con la misma frecuencia. Existen tonos altos y bajos, pero de cierta forma están en sintonía, por ende, es muy parecido a lo que pasa con nuestras vidas. Existen días donde vibramos bajo y existen días donde vibramos alto como la teoría téslica del 3, 6 y 9 existirán días en donde no nos hallemos y no se sientan con ganas de hacer nada en absoluto, pues permitámonos sentirnos así. Tener este tipo de frecuencia varía mucho, además por la energía que nos estén transmitiendo, procuremos pedir por aquellos quienes nos quieran causar daño.

Cuando concentramos nuestra energía en aquello negativo que nos quiere dañar, no le permitimos al universo tomar partido de lo que ocurre, de alguna forma nuestra energía se vuelve más oscura que la de aquellos. La atención debe mantenerse en el presente y sé lo difícil que puede llegar a ser eso, casi siempre nos pasamos las horas del día planificando algo o intentando resolver algo que ya ocurrió, pero de cierto modo es una de las únicas formas para lograr el avance personal.

Mantengamos la coherencia con lo que decimos, pensamos y hacemos. Hacer, pensar, actuar: cuando perdemos la coherencia en algún ámbito de estos actos nos convertimos en personas incoherentes y charlatanes. Ejemplo de ello son las personas que predican doctrinas de amor y respeto, pero en sus hogares existe carencia de esto. Trabajar en la coherencia puede llegar a ser un reto bastante duro; los escritores debemos mantener la coherencia de lo que escribimos y hacemos en nuestras vidas, pero en muchas ocasiones también nos ha costado mantenerla. Es un trabajo día a día que redunda en una mejora personal.

Parte de la coherencia tiene mucho que ver con la forma en que queremos que nos traten, pues si exigimos respeto, debemos tratar a los demás con respecto, si exigimos amor, debemos ser seres amables y enamorados, si nos molesta y encontramos una falta de respeto que nuestros ex salgan con alguien a la semana de terminar la relación, pues seamos respetuosos y al momento de terminar una relación mantengamos un tiempo de duelo.

Con esto no quiero decir que siempre se deba hacer de esta forma, muy por el contrario, si te parece bien salir en poco tiempo con otra persona y no te molesta en absoluto que la otra persona lo haga, pues estás en lo correcto. De la forma que tratamos seremos tratados, recuerden que la gente que nos rodea en muchas ocasiones son claros espejos de nuestros defectos, algo de mi vi en él o ella que me encantó. Con seguridad, han escuchado decir «uno atrae lo que es», entonces procuremos ser mejores personas y atraeremos mejores personas a nuestras vidas, de tal forma que en cuanto presenciemos un acto que va en contra de nuestro crecimiento personal e interrumpe nuestro camino, logremos sacarlo de la mejor forma.

Capítulo XIV
Los miserables

Digamos que ser miserable no es ser alguien pobre en economía, más bien es carecer de algo. En la espiritualidad la miserabilidad está asociada a una persona carente de espiritualidad y de energía, considerando que ser miserable significa carecer en extremo de algo, ya que de cierta forma todos hemos sido, en parte, miserables alrededor de nuestras vidas, siempre hemos carecido de muchas cosas, pero la peor carencia que podemos tener es falta de «amor propio». Este es un término bastante usual en los últimos tiempos, hemos buscado por décadas la felicidad de las personas mediante amores o relaciones, que no nos hemos detenido en buscar la felicidad, ya que la apreciamos como algo tangible y buscamos su reflejo en algo o alguien.

Pero no buscamos la felicidad dentro de nosotros mismos, teniendo en cuenta que nuestro cuerpo es el universo infinito que existe, cuando indagamos dentro de nosotros indagamos en nuestra mente y no en nuestro universo. Hay que dejar algo en claro, nuestra mente no es nuestro universo, nuestro universo es el ser y el ser es quien nos guía al interior de cada uno. Por ejemplo: tú, la persona que está leyendo en estos momentos este libro con detenimiento ¿acaso en algún lapso de tu lectura, te pones a pensar o, en definitiva, no puedes dejar de pensar? Lo que sea, ya sea en cuentas, personas, preocupaciones personales e infinidades de cosas que tenemos en la cabeza, nuestra mente nos dice y condiciona en muchas oportunidades.

Cuando el ser está en esa vibración de energía con una frecuencia tres, es tan bajo que permite a la propia mente guiar nuestro sentido, es más, ella a veces nos puede engañar y mentir diciéndonos haz esto o di aquello. Si se le añade el ego, la mente se encuentra en estrecha vinculación con el ego, ya que ella es el ego. ¿Acaso no te ha dicho tu mente que tu cerebro es el órgano más importante de tu cuerpo? Actuemos como seres presentes y seamos observadores, si la mente nos dice esto ¿es así como debería ser?, ¿no será otro el órgano más importante de nuestro cuerpo? El ser actúa en concordancia con tu cuerpo, con tu universo interior, con tu energía vibratoria, pero es la mente quien interrumpe este campo entre ambos.

Entonces vámonos al conflicto de poder resolver esto. Si la mente se apodera de nosotros en muchas ocasiones, entonces qué pasa cuando le damos paso y autoridad. Crea ilusiones en nuestro cerebro, nos permite creer que ciertas situaciones son de algunas maneras, cuando no lo son. A esto llamo los «miserables» en este capítulo, haciendo referencia a las personas que carecen del ser y lo ocultan trayendo al frente a la mente. Dejamos que se explaye y que hable a través de su ego creando situaciones caóticas o resolviendo conflictos desde la arrogancia.

Es por esto por lo que, en muchas ocasiones, nos encontramos en nuestras relaciones con personas que no se logran dar cuenta de situaciones porque no quieren, ya que le permiten dar el paso a la mente para crear escenarios que son falsos, para poder beneficiarse con eso y eximirse de la culpa de diferentes situaciones. Inclusive puede considerar a la persona como una víctima, incluso de un crimen que ella misma ha cometido. Esto nos permite darnos cuenta y responder a las muchas preguntas que nos hacemos cuando decimos ¿por qué hace esto?, ¿por qué me culpa?, ¿por qué cree cosas que no he hecho? Y así, de manera sucesiva, en un vaivén de preguntas donde no sabemos las respuestas.

Deja que se armen un cuento en la cabeza, deja que piensen lo que quieren pensar, deja que su mente los domine. En ocasiones aquellos se arman de este tipo de cuentos como que el mundo es un villano de tiranos contra ellos que, en apariencia, todos somos desleales, arbitrarios y soberbios. Te inventarán o vincularán con amores falsos con el fin de no tener culpa, con historias de fracaso con el fin de decir que son mejores que tú.

Esto también suele aludirse al «trastorno ficticio» o «mitomanía» donde las personas se benefician de fantasear en exceso, lo que produce una cierta sensación de bienestar (similar al efecto que produce la droga en el organismo), pero es una falsa compensación emocional la cual no dura mucho tiempo, confunde a la mente, desorienta y acaba agravando las insatisfacciones de la vida de las personas.

Por lo tanto, mantengámonos lo más alejado posible de seres «miserables», aquellos te roban la energía y te llevan a perder la paciencia con el único objeto de culparte. Si has experimentado este tipo de situaciones con ciertas personas, deberás mantener la calma, la tranquilidad y el silencio, esa es la mejor arma de una persona coherente. Los miserables te hacen explotar tu cabeza, es un juego a diario, un carrusel de sube y baja.

Aquellas personas pobres en espíritu sufren de una enfermedad silenciosa, su energía está en negativo, pero no son capaces de darse cuenta de esto, por lo que su coraza, generada a través de su ego, no le deja ver, tienen ojos mas no ven, tienen oídos mas no escuchan, tienen manos mas no sienten.

Capítulo XV
El universo y sus manifestaciones

Si tomaste la decisión de *entendher* este libro, realizar tu propio viaje al origen y por algún motivo llegaste hasta aquí.

Ahora eres grande, has aprendido las distintas doctrinas y saliste de la opinión compartida por todo el mundo y en vez de vivir una vida basada en la de los demás, decidiste escribir tu propia historia. Ahondaste en diferentes viajes, diferentes sensaciones, amaste tu cuerpo y respetaste tus pensamientos e ideologías de vida, llenaste el vaso con conocimientos propios, no permitiste que alguien te contara una historia y tradujeras la tuya en ella, te permitiste ser feliz con lo que tenías y te diste cuenta de tus errores, no para los demás, más bien para ti mismo, te permitiste levantarte una y mil veces, pero cada levantada fue con menos dolor y más conocimiento.

Amaste la vida porque creíste en ti y no eres una persona perfecta, sino que eras una perfecta imperfección creada para el desarrollo de la vida humana. El conocimiento que nos entrega el universo es a través de nosotros, de nuestro apreciado ser, con cada equivocación, en palabras o actos, vamos aprendiendo cada día más de nosotros mismos. Te diste cuenta que no hay nada en que creas que no se cumpla ni nada en que concentres tu energía no llegue, te diste cuenta que tenemos el poder de crear energía y es nuestra tarea poder canalizarla. Te diste cuenta que no moviste ningún pelo de tu cabeza para que todo siguiera el ritmo y que dependa de ti ese poder de discernir entre lo bueno y malo, entre aquello que te edifica y aquello que no, aquello que te mantiene despierto y aquello que te mantiene preocupado. Dudaste menos que en otras ocasiones porque decidiste vivir y no arriesgarse a no hacerlo.

El universo y sus manifestaciones son más allá de lo que podríamos imaginar, la forma en que te expresas hacia una persona es la misma manera en la que te estás expresando a ti, proyectas sin decir ni una sola palabra. Vivimos en una sociedad corrompida por las personas y seguimos corrompiendo nuestra sociedad, hoy en día es muy fácil boicotearnos a nosotros mismos, transformándonos en seres dañinos contra nuestro ser. Pasamos horas en el celular, bloqueando, desbloqueando, viendo estados, nos preocupamos por el «qué habrá pasado», «cómo habrá ocurrido», «quién habrá sido» y así de forma sucesiva. Pasamos horas pensando en el instante que ya pasó, en el tiempo que ya ha muerto.

Nuestra mente está tan en contra de nosotros que nos daña al nivel de normalizar la toxicidad de nuestras relaciones; normaliza las posesiones, las llamadas constantes, los enojos, los celos y, en ocasiones, existen personas quienes se sienten orgullosas de esto.

La mente es quien distorsiona la realidad agregando un poco de maldad en cada detalle que vemos, viendo lo que queremos ver, oyendo lo que queremos oír, hablando lo que ella nos dice, aumentando así el ego y no nuestro ser. Escuchamos esa voz en nuestra cabeza y no somos nosotros ni el ser, la intentamos callar y ahí sigue y sigue. Mira y actúa como observador de tu mente, porque ella y el ser no tienen nada en común.

No seamos parte de la sociedad corrompida; seamos más bien personas y seres capaces de poder aportar de forma positiva a esta sociedad ya corrompida por nosotros mismos. Nuestros actos deben ser correctos, no permitas que nadie te impida hacer lo que quieres, que alguien te haga sentir mal por tus decisiones cuando no estás dañando a nadie en particular. Permítete estar alegre, enojado, triste, eufórico, amoroso, cariñoso, amable, pretencioso, permite que tus sentimientos afloren y salgan, pero sin dañar a nadie de manera intencional. Los buenos somos más, el problema es que estamos demasiado ocultos dentro de la sociedad, tenemos los ojos vendados y pretendemos seguir en la oscuridad.

Capítulo XVI
El amor y el ego

En la introducción de este libro y en uno de los primeros capítulos que escribí, hablaba del amor, no como aquel cuento de las películas amorosas antiguas o aquel amor a primera vista como lo llaman algunos. El nombre de este libro hace referencia a lo mismo, *No se trata de otra estúpida historia de amor* y lo llame «estúpida» porque me parece que hemos perdido el sentido del amor verdadero. En el capítulo anterior les he hablado de los destructores que somos con nosotros mismos, donde nos boicoteamos por todo y somos los únicos que generamos una campaña en contra nuestra cuando estamos por lograr algo, decimos palabras como «no voy a poder», «no creo que sea así», «no me lo merezco», «no puedo».

Si supiéramos el poder de la oración jamás diríamos este tipo de cosas, el poder de una oración va más allá de rezar un padre nuestro, un ave maría, como dice los escritos de Santiago en una frase bíblica: «Oráis y oráis mal, pedís y pedís mal» pedimos para nuestros deleites personales y no para la edificación de nuestro ser. La saliva tiene el poder principal de lo que deseamos, cada vez que sale una palabra de tu boca y la tragas estás creando esa frecuencia vibratoria en ti, por lo tanto, por donde debemos comenzar es amándonos a nosotros mismos, pidiendo por nuestra propia salvación personal, queriéndonos en todo momento y anhelando cada instante que pasamos con nuestro templo el cual es nuestro cuerpo. El poder que tenemos es impresionante, la capacidad que tenemos con el poder de la oración es infinito, si no me crees has la prueba día a día cuando te levantes y repite: «yo tengo el poder de crear» y estamos utilizando el poder para destruir no solo a terceras personas, sino nosotros mismos.

Cuando hablamos de amor me refiero a todo lo que nos rodea. Podemos conocer a personas que amen la naturaleza, otros aman a sus hijos, otros a sus parejas y así de manera sucesiva. No te encasilles en no poder amar, de hecho, ama a alguien de tu mismo sexo. El amor es amor y hay que saber entender el concepto de esto. Para conocernos a nosotros mismos debemos dejar atrás todas las creencias aprendidas así como les mencioné en capítulos anteriores. Y me refiero a una persona homosexual o de cualquier otro género, no quiero mencionar aquí distintos géneros porque cada día conocemos uno distinto y no quiero dejar a ninguno fuera de esto. Siéntanse con total inclusión en estas letras porque todos somos parte de uno solo y el que no entienda esto, pues no entiende la vida.

Las personas homosexuales alcanzan de manera anticipada la verdad sobre el amor y la espiritualidad, porque no aman aquello que les dijeron que debían amar, más bien aman aquello que quisieron amar. No quiero en absoluto decir que las personas heterosexuales no pueden alcanzar un nivel de espiritualidad, solo quiero mencionar que debemos salirnos de creencias adquiridas porque lo único que hacen es separarnos de cada uno de nosotros. Cada quien posee su verdad, su propia verdad y debemos entender que el ser vive dentro de nosotros y el universo somos nosotros más todas las cosas que hay allá afuera.

El universo no existiría sin nosotros, la nada no existiría si existiese algo y cada uno tiene su propio recorrido de vida, somos uno y todos a la vez, tenemos distintos propósitos, pero un solo camino al amor. Amar no es poseer a algo o alguien, esto va a depender de cuanto tú te ames primero, procuremos ver de forma anticipada a una persona a quien queramos para nuestra vida. Si dicha persona se dice de manera repetitiva que no puede, se boicotea, se daña, no se siente guapo o guapa, se menosprecia buscando la aprobación de terceras personas e incita los celos con el fin de sentirse importante, no se ama y si no tiene la capacidad de amarse, es poco probable que tampoco te pueda amar a ti.

Pero no decaigamos, no se trata de ir por la vida ir predicando y buscando personas perfectas que se amen y cuenten con un nivel de espiritualidad alto. Se trata de construir, de edificar y de regar día a día las raíces con el fin de que estas florezcan. Cada persona tiene su proceso y no debemos desgastarnos en acelerar el trascurso de su aprendizaje. Solo debemos tener cuidado con no perjudicar nuestros corazones, la inseguridad de nuestras parejas no debe y no tiene por qué perjudicarnos a nosotros, no somos seres capaces de poder dar seguridad a alguien porque, con certeza sabremos que nos dejaremos de lado con estas decisiones y en vez de dar seguridad, terminaremos haciendo todo lo contrario, ya que cuando dejas de centrarte en ti mismo, comienzan las mentiras y el ser deja de tener importancia.

Ahora, ¿qué pasa con la vulnerabilidad? Hablábamos de que amar es también amarse a sí mismo y sobre todo a sí mismo, pero existen episodios donde muchas veces se ve reflejado nuestro ego a través de la «vulnerabilidad». Por lo general, esto ocurre con el género masculino, en donde por los patrones marcados en la infancia se espera que mantenga el de líder en una relación, en donde las creencias son: invitar a tu pareja, pedir la mano de ella, preguntarle si quiere salir, llevar la iniciativa en todo y complacer.

Solo estoy poniendo un caso un poco más específico ya que esto, de la presentación del ego en la vulnerabilidad, se puede dar en muchas relaciones, del mismo o de distinto género.

Recuerdo presenciar muchos episodios de ego manifestados en enfados y enojos en mis relaciones anteriores. Estos episodios aparecen cuando nos vemos afectados o minimizados por nuestras parejas, esto es un claro ejemplo de la inseguridad de cada uno de nosotros ya que, si fueran seres seguros de sí mismos, jamás se sentirían minimizados por algo o alguien. Cuando nos gobierna el ego, estamos actuando de forma inconsciente, como cuando estás en un grupo de amigos y supongamos tu novio o novia tiene una personalidad extrovertida y sociable y tú eres una persona de bajo perfil, pero con un alto ego, lo más probable es que esto te enfade demasiado. Es aquí donde comenzarás a presentar rabietas, mal genio y frustración con tu pareja. En muy pocas ocasiones nuestras parejas se darán cuenta de esto, ya que suelen pensar que es un episodio más del mal genio que tienes, además ni siquiera nosotros mismos nos damos cuenta de estas situaciones.

Puede que comiences a manifestar enojo sin razón aparente e intentes pensar si algo te pasa y es que estos sentimientos no son nada más que el ego que intenta gobernar a nuestro ser, ya que si fueras un ser consciente vivirías en el presente, solo disfrutarías el vivir y no te enfadarían con estas situaciones, pero créanme es muy frecuente que suceda. También podemos manifestar estos episodios en nuestro trabajo, en donde, en muchas ocasiones, premian a trabajadores que tú crees que no lo merecen. También aparece en las familias donde cada uno habla de lo espectacular que le va en la vida viajando por el mundo o de lo bien que la pasan en familia. Supongamos que eres una persona soltera, ¿esto te afectaría? Claro que sí, si vivimos en el ego esto nos hará querer lo que tienen los demás y más aún, soltar estos sentimientos de ego es el primer paso que nos hace avanzar en este camino.

El amor nada tiene que ver con el ego; aquí recordé la adversidad que sentí con una mujer que amé, que amo y que, con probabilidad, siga amando, ya que en mi interior existe tanto amor que no podría dejar de amar a ninguna de las personas a las que nos entregamos con nuestros cuerpos y nuestras almas. Pero recordé el principal motivo del amor, yo misma, y recordé las veces que no fui capaz de amarme y lo rápido que me fui perdiendo. Recordé que ante todo y todos soy la única persona que pasará conmigo el resto de mis días una y otra vez, que me acompañaré a beber un café por mañana, me lavaré y secaré cada parte de mi cuerpo, que dormiré conmigo todas las noches abrigada bajo las suaves sábanas de mi cama, que me peinaré el pelo, me daré masajes corporales todos los días y me sentiré a mí misma conteniéndome en todo momento.

Comprendí que si una persona no era capaz de amarme en la misma medida que me amé a mi misma, entonces no merecía mi amor y comencé alejarme de la persona que quise. Esto no lo hice porque recibía menos amor, de hecho, mi amor seguía intacto como el primer día en que la vi, que miré sus ojitos color café, sus pestañas encrespadas que parecían de muñeca, sus labios al hablar y la forma en que los movía, su lengua que, en ocasiones, era mejor no escuchar lo que salía de ahí, pero seguía amándola. Ella no se amaba a sí misma y peor aún era incapaz de amarme a mí, en cada palabra que salía de su boca hablaba el ego, en cada paso que daba hablaba de su ego. Jamás comprendió lo que significaba el ego para mí, que no se trataba de aquellas personas que se miran todo el día en el espejo, sino que el ego era como el psicoanalista Freud lo explicaba: «es la personalidad humana que controla la motilidad y media entre los instintos del ello, los ideales del supe-rego y la realidad del mundo exterior».

Sus celos hablaban de su ego, recuerdo que en ocasiones me acusaba de haber estado con otras mujeres, indagaba cada paso de mi vida como si fuese una maldita investigadora, estoy casi segura de que si hubiera sido así tal cual lo planteaba ella y me hubiera enredado entre las sábanas de alguna cualquiera, se hubiera sentido bien, pues engrandecería su ego comparándose con otras mujeres. La gobernaba el ego en todo momento, en muy pocas ocasiones sus fotos eran de paisajes o lugares bonitos, más bien tenía un millón de fotos de ella misma. Lo ilógico era que yo encontraba cada foto-grafía igual que la anterior; a menudo me enviaba fotografías de su cuerpo con el claro objeto de sentirse codiciada, amaba sentirse amada por los demás, solía decir que no le gustaba llamar la atención de las personas y eso era, en realidad, lo que hacía.

El ego la llevaba tan lejos que no le incomodaba gustarle a personas cercanas, a este tipo de individuos. En el fondo de sus carencias les encanta sentirse halagadas, luego mencionan frases como «no me gusta que este o aquel me mire de esa forma» o «yo no sé por qué llamo la atención en el lugar donde voy» entre otras tantas banales frases ya conocidas.

Las personas que no viven centradas en su ego, ni siquiera son capaces de darse cuenta de quiénes las miran, porque su orientación es distinta. No les importa si hablan mal o bien de ellas, no les importa verse lindas para los demás porque se sienten lindas en su interior, no les importa agradar a los demás porque se agradan a sí mismas, no sienten celos de nadie porque son seguras de sí mismas, su ego es tan bajo que no les permiten sentir competencia con las o los demás. Conocer a una persona sin ego es una de las cosas más maravillosas que nos puede pasar.

Entonces comprendí que, en efecto, si seguía amándola, no merecía su desconfianza, es más, nunca intenté defenderme en ninguna ocasión, ya que era tanto el hostigamiento por insistir en que yo me había enredado en las sábanas de otra mujer, que le conté una historia para que me dejara en paz, ¡grave error! En teoría sí me había llamado la atención una mujer, hermosa y sencilla, pero mi mente y mi cuerpo jamás me permitieron cruzar más de dos palabras cercanas con ella, a esas alturas ya no tenía la intención de estar con nadie, me di tiempo, amor y sobre todo sabiduría y juré a mí misma jamás volver a utilizar a una persona para escapar de otra, pero comprendí que eso jamás se lo debía a ella, más bien me lo debía a mí misma.

Intentar explicarle con palabras hechos de mi vida era casi imposible, las personas egocéntricas no escuchan, solo se defienden y, en muy pocas ocasiones, están en silencio, más cuando logran silenciarse a sí mismos. No logran aquietar su propia mente, porque el ego habla a través de ella: «Mira, eso te dice…», «te está mintiendo…», «¡ella o él te engaña!», «¡no le creas!», «¡es igual o peor que el anterior!», «¡te hará daño!». El ego actúa utilizando palabras como «yo sé», «estoy segura», «te conozco», «cuando tú vas, yo vengo de vuelta». Cuando escuchemos esto silenciemos nuestros corazones, nuestra mente a menudo no se calla, pero debemos intentar escuchar aquellos pensamientos y solo dejarlos que se vayan, fluir dentro de nuestro ser es comprender que cada parte de nuestro cuerpo fue creado en forma de alerta, con el motivo de sobrevivir, incluso al desamor. Estos episodios se ven más marcados aun cuando las personas han sido engañadas o estafadas. Siembran desconfianza de manera tal que se convierte en ego.

Cuando se vive en el ser, no se permite que esto cruce barreras, la desconfianza es parte de nuestra arma de defensa, pero debemos tener una barrera para que no pase a transformarse en ego. Entonces lo comprendí y escribí lo siguiente: «Querida, mantuviste tu mente ocupada y te preocupaste por tus metas; te propusiste trabajar, viajar y escribir y fue eso lo que hiciste. Fuiste honesto contigo, pero por sobre todo te fuiste fiel. Cuando volvieron a interrumpir tu paz mantuviste esa quietud que ya te caracterizaba desde hace un tiempo. Entonces descubriste que te habían perdido en más de una ocasión y te alejaste de una forma muy notoria cada día más y no solo por falta de amor, porque tu amor se mantenía intacto como el primer día, más bien fueron sus celos, su ego y su soberbia los que te mantuvieron alejada. Los celos te provocaban náuseas porque aquellos sembraban desconfianza, el ego no le permitía mirarte a los ojos y verte como eras en realidad y su soberbia no le permitió poder amarte».

Capítulo XVII
El ser que está completo, es agradecido

Al alimentar al ser se experimenta un cambio o una transformación interna. El ser espiritual es bastante complejo y, de acuerdo a la forma en que lo alimentamos, atrae buena energía en su interior lo que le permite vibrar en una frecuencia 9. Cuando se está en el nivel máximo de vibración que, según la teoría tesla es con el número 9, no existe tensión con otra persona; no nos pueda afectar. De hecho, nos convertimos en seres incapaces de vernos afectados por nuestro entorno. Cuando se está en una frecuencia alta, jamás podrías atraer a un ser que vibre bajo, por ende, hay que tener bastante cuidado sobre a quién atraemos a nuestra vida.

Nada es porque sí, ese ser debe entregarte algún tipo de reconocimiento. He escuchado a personas decir frases como «aquel o aquella bajan mi energía» o «esta persona me desalinea los chacras» y esto puede suceder, pero cuando se está consciente y en un estado de vibración alta y profunda, es casi imposible que esto nos afecte. Es decir, yo me alejo de aquello que no me suma, que no me engrandece y es más, en ocasiones, nos encontraremos en un estado de soledad, pero satisfechos y agradecidos con nosotros mismos. En este estado puedes alejar a muchas personas que no vibran igual a ti, pero puedes permitirte acercar a muchas personas que vibren igual a ti, esto es la vida y está en cada uno de nuestro ser.

Atraemos lo que somos, por lo tanto, cuando comiences a vibrar en alta frecuencia, comenzarás a atraer personas que vibren igual que tú a tu vida; personas nuevas, personas del pasado o personas de tu actualidad y también se alejarán de ti algunas que solo vibran en base a ciclos. De esta forma, comenzarás a experimentar «cambios»; si eres una persona a quien le gusta salir mucho de fiestas, quizás experimentes lapsos de tranquilidad en donde ya no quieras salir mucho. Si eres una persona muy sociable puede ser que comiences a experimentar estados de relajación interna o, muy por el contrario, comiences a experimentar la libertad en el ámbito social y a relacionarte con personas distintas. Este estado es personal y cada proceso conlleva a su propio aprendizaje; no forcemos el aprendizaje de nadie porque aquí no estamos para enseñar, aquí estamos para aprender haciendo y cuando intentamos transmitir esto a otra persona con el fin de apoyarlo o apoyarla, nos estamos hablando a nosotros mismos. Un ejemplo claro de esto es que si eres una persona que fracasa mucho en las relaciones de pareja, lo más probable es que seas el mejor o la mejor consejera de tu amigo o amiga para apoyar a mejorar su relación, porque son falencias que detectamos dentro de nosotros mismos, que es mucho más fácil transmitirla a un tercero que lograr adoptarlo en nosotros mismos.

¿Cómo saber si estamos en el ser? ¿Es un estado de eterna paz y no experimentamos sentimientos de rabia, culpa o tristeza? ¡Pues claro que no! El ser es la única versión más idéntica a nosotros, cuando estamos en el no evadimos los sentimientos, más bien los dejamos que fluyan como agua corrediza, porque no hay nada más amistoso y saludable para nosotros mismos que nos permitamos sentir rabia, tristeza, amor, felicidad y emoción. Es importante que te permitas reír, llorar, estar triste, enojado, emocionado, eufórico, enamorado, temeroso, estúpido; date el permiso de no minimizar tus sentimientos y de vivir sin condiciones.

Los mayores problemas de la vida se concentran en las cosas que dejamos de hacer más que en las cosas que hacemos, en lo que dejamos de sentir más que en lo que sentimos, hay más problemas en una persona reprimida que en una espontánea. Nos criaron con el concepto de que el que ríe es necio y el serio es culto, vivimos en una sociedad de falsos dogmas amargados, las personas día a día quieren cosas y las consiguen de manera fácil y cuando ya las tienen, no les interesa. Un día dije ¡quiero esto y quiero aquello! Luego lo tuve y volví a rezongar y a decir: ¡ahora quiero esto y aquello! Y aquello que quise lo tuve y cuando lo tuve, aquello que no tenía se me hacía más interesante que aquello que tenía en ese momento y al final, cuando volví a mirar, ya no tenía ni esto ni aquello.

Entendí entonces que debemos agradecer hoy lo que tenemos, porque ni esto ni aquel, ni aquello es tuyo, es tan solo un espejismo del vacío que llevas en tu interior, porque cuando el ser está completo ya no hay nada de este mundo que deseé. ¿Qué pasa cuando el ser no es agradecido? Comenzamos a fijarnos en cosas banales de la vida, tales como los problemas financieros, los problemas amorosos, el desarrollo interpersonal laboral e infinidades de cuestionamientos que no nos suman. Cuando el ser no es agradecido comenzamos a visualizar situaciones mundanas, las cuales bloquean nuestro verdadero objetivo en esta vida. El primero es «amar al prójimo tal cual te amas a ti», después «amar a Dios (universo) por sobre todas las cosas» y fíjense que si nuestros pensamientos van direccionados a amar lo que tenemos y no lo que deseamos tener, nos convertiríamos en seres agradecidos. Como decía Jesús, Buda, Alá, Moisés, y los muchos representantes de Dios en la tierra que han venido con muchos mensajes de vida, el principal mensaje es **amar.**

Imaginemos que amamos tanto la vida que al despertarnos damos las gracias por tener un sol que nos da energía, abrazaremos la alegría de despertar con nosotros, amaremos cada parte de nuestro cuerpo, nuestro ser nos abrazará y si estamos en una relación abrazaremos a nuestros cónyuges, amaremos la manera de despertar y, por sobre todo, amaremos compartir el día a día con nosotros mismos, siempre que nos hayan enseñado que Dios vive dentro de nosotros. ¿A qué se refiere esto?, ¿es que Dios es un ser que elije vivir dentro de ti?, ¿acaso nosotros somos dioses?

Hay que comprender que la palabra Dios está muy manoseada, algunos les da miedo decirla ya que pueden ser tomados como religiosos banales. Por lo tanto, preferimos llamarle «universo» y aquí aparecen infinidades de conceptos como la energía, la química, las vibraciones, las estrellas y sus constelaciones, las maravillas de la tierra y el agradecimiento de aquellas. ¿Acaso esto no es Dios? El universo se manifiesta de distintas formas, es algo inexplicable cuando nos enfrentamos a situaciones tan maravillosas como contemplar la tierra. Por lo tanto, decir no creo en Dios sería indicar que no creo en el universo y las riquezas que nos rodean.

No podríamos vivir sin un propósito, la vida no se trata de nacer, crecer y morir como nos han enseñado nuestras creencias de niños. Nos minimizan y no queremos darnos cuenta, ya que siempre nos han mencionado que nuestros sentimientos eran muy insignificantes, que amar a una persona no tenía sentido si había millones en el universo y que sufrir por amor era banal. En los capítulos anteriores hablaba de no minimizar los sentimientos, ya que eso es parte de nosotros. Cuando comenzamos a minimizar lo que sentimos es donde nos vamos perdiendo, sentirnos vulnerables puede ser cruel, ahí debemos decirnos «me siento bien», aunque nos estemos haciendo pedazos por dentro. Reprimir estos sentimientos implican frustración y de alguna forma el cuerpo desea manifestar todo aquello por lo cual está pasando. Negar lo que le pasa al cuerpo es negarte a ti mismo. Esto genera poca empatía con el ser, ¿de qué forma nos estamos queriendo? Si nosotros mismos no nos permitimos sentir, ¿cómo pretendemos que una persona externa nos entienda si nosotros no nos permitimos entendernos nosotros mismos? ¿Me estoy amando con cada decisión que estoy tomando en mi vida? Dejemos de pensar en el de al lado, en el qué dirán; pensemos en nosotros por un momento y jamás le planteemos a nuestras parejas ¿qué esperas de mí? Mejor hagámonos siempre esta pregunta interna: ¿qué espero yo de mí?

Si se trata de que queremos viajar, disfrutar de nuestras vidas y recorrer el mundo pues, ¡hagámoslo! Si se trata de querer tener una familia estable pues, ¡tenla! Pero esforcémonos por cosas que en realidad queremos, no nos esforcemos por cosas banales que en algún momento las podemos perder. Supongamos que ves una película favorita que te hace llorar, al verla tres o cuatro veces más la intensidad habrá bajado, pero aprenderás y te irás grabando cada palabra, cada imagen e incluso comenzarás a encontrarle defectos, ya sea por la imagen cinematográfica o por la actuación de los actores y actrices, pero cada detalle que se repite, te permitirá ir conociendo esta película.

Así es como debemos aprender de nuestra propia película de vida. Cuando era pequeña pensé que estaba loca, siempre me sentía protagonista de una película de la vida real y ahora comprendo que fue lo más astuto que debo haber pensado, ya que es del todo cierto. Eres el o la protagonista de tu vida y tú decides la vida que deseas vivir, deja de pensar que creen o que quieren los demás, el universo te dará personas con el fin de poder ir adornando tu camino, pero el único que tiene la decisión de esta vida eres tú. «Tu tienes el poder de crear la vida que deseas».

Cuando mi foco esté puesto en cosas buenas, ellas vendrán a nuestra vida, pero si mi foco esta puesto en cosas negativas, lo que este atrayendo en esta vida será negativo, ejemplo de esto es que cuantas personas hemos escuchado alegar frente a sus deudas y ¿Qué tienen? Mas deudas o a personas alegar sobre sus enfermedades ¿y Qué tienen? Mas enfermedades. Lo crees lo creas y es hora de darnos cuenta que somos energía infinita y todo lo que proyectamos hacia los demás es simplemente el reflejo de nuestro yo interno, además de esto cuando pensamos insistentemente en algo se nos escapa de las manos la energía es como agua corrediza que se puede trabajar a través de nuestros pensamientos y de nuestro cuerpo. Mientras mas alejado nos mantengamos de los pensamientos negativos y dejemos fluir la energía por nuestro ser, las cosas que queremos y proyectamos en nuestras vidas se darán por si sola,

Cuando mi foco comienza a desmoronarse aparece el ego, entonces el ser se oculta y la versión que estamos enfrentando de nosotros mismos nos molesta. No debemos dejar que el ego se apodere de nuestro ser.

Capítulo XVIII
El amante del diablo, el espejo

Cuando al ego comenzó a apoderarse de mi ser me di cuenta recordando situaciones pasadas dentro de mis relaciones. Recordé que en cada instante de mi vida sentía alguna especie de molestia cuando compartía mi vida con otra persona y no lograba comprender en realidad qué era lo que me atormentaba. Cada vez que sentía la necesidad de compartir mi vida con alguna persona siempre encontraba defectos en ellas: demasiado aburrida, demasiado obstinada, demasiado sofisticada, demasiado tranquila, demasiado opaca, demasiado vulnerable, demasiado cruel, demasiado amorosa, demasiado extremista, demasiado celosa, demasiado corrompida, demasiado agresiva, demasiado tormentosa, demasiado manipuladora, demasiado sencilla, demasiado arribista, demasiado soñadora, demasiado alegre, demasiado amargada, demasiado adulta, demasiado joven. Cada una era mejor que la primera y la última peor que la anterior y volvía a caer en el dilema del «yo de antes» y me pregunto: ¿han tenido este trastorno del yo antes?

Comienza con una palabra sencilla, pero avasalladora, que desvaloriza todo nuestro momento del «ahora». En muchas ocasiones comenzamos a decirnos «yo antes era mejor», «yo antes hacía esto o aquello», «yo antes tenía mejores parejas», «yo antes tuve esto o aquello», «yo antes viajaba más o realizaba ejercicios», «yo antes era más guapo o guapa», «yo antes entrenaba» e interminables palabras que podrían describir en este libro. Resulta que el «yo antes» jamás existió, tu mente tiene una forma de crear memorias del pasado de cosas que no son reales, que solo viven en nuestras ideas y alimentan nuestro ego.

Y comencé a darme cuenta de que mis propias carencias las veía reflejada en terceras personas y en cuestionamiento siempre me decían "Tu no me aceptas" cuando en realidad a la única persona que no aceptaba era a mí misma.

Nuestra mente es tan poderosa que al pasar el tiempo va olvidando todo lo malo con el objetivo de ir avanzando, va dejando cicatrices, pero como aquellas ya no duelen, no sentimos el dolor o el sufrimiento que sentimos en aquella ocasión. La mente es un universo por descubrir que interactúa con nuestro ego, quien nos hace sentir siempre superiores a nuestra propia versión del ahora, con el único objetivo de no aceptarlo y así vivir atrapada en nuestra propia cárcel. Esto nos sucede desde muy pequeños; deseábamos ser lo que somos hoy en día, pero hoy deseamos ser lo que fuimos en el pasado.

Cuando llegamos a este punto la vida nos comienza a poner espejos en todas partes. Al no aceptar ni enfrentar nuestra propia miseria comenzamos a ver esto en otras personas. Cada parte de alguien que no aceptas forma parte de tu propio ser, al que no reconoces. En este punto de este libro haremos un *flash back* de todo lo que les he comentado, pero esta vez te verás a ti mismo/a.

Te sientes en muchas ocasiones agobiado o agobiada en tu relación, pues analicémosla a fondo. Si aquella persona me disgusta porque hace esto o aquello, la pregunta sería ¿alguna vez has hecho lo que tu pareja ha hecho contigo? Si no le has hecho lo mismo que él o ella te ha hecho a ti entonces, ¿alguna vez lo fuiste con otra persona? Lo más probable es que la respuesta sea que sí, pero si tu respuesta fue un no rotundo, o algo así como «yo jamás haría algo así», debes trabajar mucho en tu falso ego y eliminarlo de una vez, ya que la peor mentira que podemos realizar es a nosotros mismos.

La respuesta es clara, si no estás dispuesto o dispuesta a aceptar acciones o decisiones de tu pareja, pues aléjate, no aceptes nada que no creas merecer, pero... ¿por qué aun sigues ahí? ¿Hay algo en esa persona que te está llevando hacia ti mismo? ¿Nos hemos mirado en el espejo para decirnos ¡sí, soy alcohólico/a!? ¿Nos hemos dicho alguna vez al espejo ¡sí, soy pervertido/a!? o ¿Nos hemos dicho alguna vez sí soy un mentiroso/a? Te has criticado alguna vez exponiendo ¡sí, soy un maltratador/a! Se que es algo que no queremos reconocernos a nosotros mismos y es algo aterrador mirarse al espejo y lo primero que veamos sea "El amante del diablo" tu falso ego proyectado en un espejo.

El primer paso es darnos cuenta de nuestros propios errores.

Si a menudo tu pareja te compara con la anterior, es muy probable que también tú hayas comparado a otra persona con tu pareja. Si a menudo te molesta que tu pareja grite, pues es muy probable que sea algo que te irrite de ti mismo/a. Si a menudo tu pareja es agresiva/o es muy probable que tú también lo seas.

Nadie y ninguno de nosotros está donde está porque si, la vida es un vaivén de cosas y experiencias con el único objetivo de adentrarte a ti mismo. No existe otro propósito en esta vida que no seas tú y tu ser interior; nos avergonzamos de mirarnos a nosotros mismos porque no somos perfectos y aunque critiquemos a Hitler por querer lograr la «raza perfecta» nosotros hacemos lo mismo. Nos creemos mejor que el de al lado, y si nuestro compañero de vecindario tiene un auto lujoso, pues también lo queremos. No nos alegramos de los triunfos ajenos porque somos incapaces de celebrar nuestros propios triunfos, como decía en los capítulos anteriores nos boicoteamos a nosotros mismos nuestros proyectos y cuando estamos en una relación hacemos lo mismo con nosotros y con nuestras parejas. Somos un espejo y también tú eres un espejo de tu pareja, cuando él o ella diga o haga algo que a ti te disguste, siempre preguntémonos ¿por qué nos disgusta? ¿Es algo que me disgusta de mí?

Hubo un día en que me vi a mi misma criticando muchas cosas, alguien apareció por ahí y me dijo: «ten cuidado con muchas críticas, más bien aléjate y mantente firme, pero cuida tus palabras». Por supuesto, mi ego y yo dijimos no en absoluto, esto está bien, esa persona es así. Resulta que comencé a verme a mí muy parecida a la persona de la que más me había enamorado y fue cuando me di cuenta, que al final la narcisista también era yo y me reconocí frente al mismísimo demonio, mi propio espejo.

Es angustiante pensar que si no nos miramos en el espejo de nuestro interior, los procesos seguirán pasando una y otra vez a lo largo de nuestras vidas, y peor aun estos son aquellos procesos los cuales fueron los mas dolorosos, y la única forma de aprenderlos es viviéndolos y experimentándolos una y otra vez, mientras mas te adentres en ti mismo, mayor será la abundancia que hay en tu corazón y mayor entendimiento hacia esta hermosa exploración que es la "Vida" pero por el contrario si no nos sentimos preparados experimentaremos algo llamado que en teoría llamamos "Retroceso" y no es una maquina del tiempo que nos teletransporta hacia atrás, es mas bien una historia similar a la ya experimentada pero con las piedras que faltaron por pulir.

Capítulo XIX
El Retroceso

Hablemos del retroceso del cual todo el mundo habla, he escuchado en infinidades de ocasiones decir a la gente frases tales como «no quiero retroceder», «me da miedo el retroceso» o «siento que he retrocedido». Estas frases son creadas por nuestro ego. Tú no puedes retroceder; ninguno puede, ni la misma ola del mar vuelve a ser la misma que era antes. Cada ola es distinta a la otra o tiene algo que la diferencia de ella, por ende, con cada paso que estás dando estás avanzando.

Es cierto que en muchas ocasiones sentimos que no avanzamos y esto nos pasa cuando vamos generando patrones, los cuales se repiten de manera básica en una forma muy similar a la anterior. Sin embargo, cada vez es más distinto; estás creciendo cada día y los años van formando lazos con nuestras vidas y con nuestro interior. Nos hemos enfocado en irnos conociendo, pero no reconociendo.

En mi relación tuvimos dos rupturas importantes las cuales debían suceder como sucedieron, ya que nada es por casualidad. La primera con llantos, angustias, malos tratos, pero también con una enseñanza distinta, la cual me permitió adentrarme en mi misma, en mis propios errores y en mis propios pensamientos oscuros.

Me puse a pensar muchas veces, qué dañinos somos los seres humanos con nosotros mismos, que pasamos horas en las redes sociales bloqueando y desbloqueando a esa persona que rompe una y mil veces tu corazón. De una manera objetiva es como entregarle una ametralladora a alguien que ya te disparó por primera vez. Pero este capítulo no se trata de juzgarnos a nosotros, más bien de que nos reconozcamos. De nada me sirve escribir y decirles mentiras sobre la vida porque sabemos muy bien cómo hemos sido todos alguna vez. Volvemos y volvemos una y mil veces sabiendo que dentro de nosotros hay algo que no está bien. Nuestro corazón es incapaz de asumir lo que nuestra mente ya sabe dese hace mucho tiempo.

El amor que sentimos llamémoslos dependencia, dopamina, afecto, compañía o como queramos llamarlo. Es una energía que atraviesa nuestro ser y por muchos libros que leamos, o muchos consejos que nos den, esto no va a cambiar a la otra persona hasta que no seas tú quien lo acepte. En definitiva, cada uno de nosotros estamos aquí con un propósito y es por eso que cada uno es diferente al de al lado, ya sea en el aspecto físico o algún granito de arena distinto, similares sí, pero jamás iguales.

Debemos tener claro que el retroceso no es malo del todo, es decir, nos ayuda a irnos puliendo como una lija la cual retrocede y avanza hasta limar en su totalidad la madera. Si tomamos este mismo ejemplo, si ya estamos pulidos y volvemos una y otra vez nos terminaremos desgastando como una madera y terminaremos como aserrín en el piso.

Lo que quiero mencionar es que lo intentes las veces que sea necesario para tu propio crecimiento personal, aunque la segunda, tercera o cuarta vez debes verte más fuerte como un roble hasta que en definitiva hayas aprendido. Tengamos cuidado siempre de nuestros corazones, nuestras emociones y de nuestra vida. Hay una frase muy cierta que dice: «Quien se retira a tiempo, está preparado para otra era» o «soldado que huye sirve para otra guerra».

Cuando veas que tu crecimiento personal se ve estancado por alguna u otra razón, tu corazón no sienta esa emoción desbordante, tus latidos se aceleren con miedo cada vez que lo escuchas o la escuchas discutir, que día a día te preparas para enfrentar una guerra, que donde hagas lo que hagas, digas lo que digas todo, en absoluto todo, sea malo, debes darte cuenta de que tienes que alejarte con la frente en alto por haberlo dado todo y tómate el bendito respeto a ti mismo/a. La única forma de que seas amado y respetado es comenzando por ti, regalarte una sonrisa y un abrazo por la mañana puede ser un buen comienzo.

En muchas ocasiones estar con alguien puede llevarte a retrasar mucho tu proceso espiritual. Hay personas que utilizan tus propias palabras para agredirte de manera verbal y cuando comienzan ese tipo de agresiones debes ser muy fuerte para que no te afecten en lo emocional ni en lo psicológico. Debes tener claro siempre la persona que eres. Cuando tu pareja comience con insultos hacia tu propia familia, ataques de celos insinuando situaciones que no has hecho, humillaciones por cosas banales, alteraciones o llantos con el objetivo de hacerte sentir culpable, aléjate si te conoces y confía en ti. Las personas en extremado manipuladoras se mienten a ellas mismas, es un tipo de trastorno que viene de infancia y que tiene cura solo si es tratada a tiempo y con profesionales.

Si tú eres una de estas personas, no tengas pareja y ve al psicólogo y ayúdate a ti mismo a crecer. Yo solía ser de esta forma en mis relaciones anteriores y conocí la medicina espiritual para mi mente y en esos reconocimientos me vi a mí misma, pero también me di cuenta que pasé al otro extremo y entendí a las personas que viven en las garras de aquellos trastornos y se sienten tan culpables que no pueden salir de ahí.

Los manipuladores te atacan con lo más cercano a ti e incluso diciéndote las mismas palabras que tú les dijiste en su momento, que hirieron su ego, y si hay algo peor en esta vida es que las peores personas no saben que lo son y es por esto por lo que no avanzan en lo espiritual en sus vidas. Llenan vacíos con cosas materiales y banales y jamás están contentos o satisfechos con nada de lo que tienen en su vida, incluso contigo.

En un momento a otro, escuché lo que mi pareja les decía a sus amigos sobre mí, que hasta yo misma llegué a odiarme, acumuló evidencias insólitas con el objetivo de hacerse la víctima. Cada vez que me hacía algún obsequio tenía que alabarla por entregármelo y publicar en redes sociales todo lo que me regalaba con el único objetivo de engrandecer su ego. Pero esta vez yo ya había aprendido a conocerme y a asumir mis errores; no podía mentirme así que dejé de prestarle atención a sus caprichos e inseguridades y comencé a analizar de forma adulta sus actos y me di cuenta de que no estaban ligados a mí, no era yo, era ella, siempre lo fue. El Retroceder me hizo dar cuenta de que las peores enfermedades son aquellas que no se ven, entonces miré y comprendí que no se requiere de una última conversación para cerrar ciclos, ya que las faltas de respeto, empatía, carisma, cariño, amor, las constantes humillaciones económicas, psicológicas e incluso en algunos casos físicas, ya lo fueron. Era hora de despertar.

Y cuando vuelva a ti, envíale mucho amor, agradécele al universo por haberle conocido, guárdalo o guárdala en lo más profundo de tu corazón y aprende a soltar porque eso que tanto anhelabas de ese ser jamás fue él, jamás fue ella, era tu propio yo de pequeño/a anhelándote a ti mismo a través de un espejo. Pídete las más sinceras disculpas por aguantar situaciones destructivas y vuelve a comenzar.

Capítulo XX
El Shock afectivo

Vuestro cuerpo no se alimenta solo de las palabrerías de las redes sociales, sino también de las imágenes de quienes aceleran las pautas de tu ego. Vuestros corazones están enceguecidos con la libertad humana, vuestra vista está nublada en una pequeña pantalla de gel la cual contiene en muchas ocasiones contenidos absurdos. El ingreso de ingesta a tu mente enriquece tu alma, por lo que, si ella está llena de pensamientos banales y vagos, vuestros corazones estarán también llenos de estos pensamientos banales y vagos.

No podemos utilizar estos medios como distractores de tu dolor, pero seamos honestos; estos medios en vez de ser distractores terminan siendo focos de burlas sobre ti mismo. Te ves publicando estados que nadie siente o a nadie le importa porque es un público horripilante. Podemos estar ayudando a alguien como también fomentando su vicio visual. Entonces esta etapa le denomino *shock* amoroso, pero es conocido y reconocido por médicos psiquiatras como *shock* afectivo.

Esto tiene que ver con el afecto emocional que les he comentado a lo largo de todo este libro. Es normal desvanecerse en las redes, beber alcohol, querer conocer personas nuevas y atractivas, tener ganas de volver a enamorarse de manera alocada una vez más, pero esta vez hacer las cosas bien ¿Te parece conocido? Por ende, nos entorpecemos enfrascados en sensaciones nuevas y atractivas que de alguna forma te ayudan a sentir menos el dolor.

Llamaremos parches emocionales a los actos desesperados por dejar de sentir, cuando el problema principal viene por no dejar sentir y expresar tus sentimientos, nos encargamos de evadir de nuevo lo que sentimos, esta vez para nosotros mismos, no nos permitimos llorar porque mi amigo o amiga no puede verme de nuevo en esta posición. Qué pena, ¿no? Ahora más que avanzar estamos estancados reprimiendo nuestros sentimientos., Pasamos del retroceso al Shock amoroso y en teoría cada vez te sientes mas solitario ya que aquellos consejos que escuchaste en un principio, decidiste no aceptarlos.

Se preguntarán, ¿pero qué hago? ¿ Ahora en quien o en que me apoyo? Lo que haremos será ir liberando espacio y haciendo cosas que nos completen, ordenando primero nuestras ideas. No tienes mil cosas que hacer en un día, es necesario organizar nuestra vida y estructurarla. Comencemos por dar prioridad a las cosas relevantes que debes realizar y luego ir bajando de nivel, es esencial que tú sepas cuáles son las cosas relevantes que debes realizar, no en orden a la vida cotidiana, más bien a tu disposición. Estás comenzando de nuevo y créanme que he aquí todas las cosas son nuevas.

Nosotros sabemos lo que nos gusta, sabemos qué vestir, qué perfume utilizar, cuáles son nuestros gustos y prioridades. Sin embargo, nos enfocamos y enfrascamos en cosas terrenales: en bienes, casas, autos, trabajo y poco a poco nos adaptamos a la realidad de la sociedad. Insisto en que, en lo personal, no estoy en contra de la sociedad, más bien vivo en ella y me relaciono como parte de ella, pero no soy la sociedad.

Pasa lo mismo con nuestras relaciones; a lo largo de lo que avanza nuestra relación comenzamos a actuar, vestir e incluso hablar igual que nuestras parejas, sin darnos cuenta de que no somos nuestras parejas, no somos nuestro trabajo, no somos nuestras amistades. Somos universos conectados de manera infinita los unos con los otros, pero seguimos hablando de uno. Uno somos todos, pero no todos somos uno. Comprender lo necesario que se nos hace la soledad es un absoluto trabajo individual.

Nacemos pegados al cordón umbilical de nuestra madre y lloramos el desapego, por supuesto que vamos a crear lazos con personas y situaciones, pero por eso es tan importante renacer y nacer de nuevo. Morir más de una vez y volver a nacer es uno de los principales pasos en esta vida, y con morir no me refiero a algo físico, sino más bien a lo espiritual. Si el ego no muere, no podemos avanzar y sentimos que retrocedemos; sin embargo, solo estamos estancados. Nos volveremos a reencontrar con situaciones y personas, quizá más maduros o más grandes de espíritu, créanme que, si no vibran igual a la persona que mañana serás, solo mirarás y recordarás los destellos de amor más lindos que vivieron juntos.

Pero también pueden salir a beber un café, conversar y conectar de nuevo y vincularse en un campo muy distinto al anterior. No extrañarán sus antiguas personalidades pues ya estarán muertas, aquellos vivientes que estén creando serán renovados de nuevo. El paso mas importante para salir del Shock Afectivo es Escuchar tu corazón.

Capítulo 0
El principio del final

Con seguridad, es poco usual que un libro contenga un capítulo cero ya que esto representa, a la vez, el comienzo como el final, es decir, un cero tiene mucho valor a la derecha, pero no a la izquierda además nadie sabe cómo se escribe el cero en números romanos. Nuestra vida está rodeada de ceros al comienzo de cada etapa; de hecho, la frase «comenzar de cero» marca la diferencia en nuestras vidas, ya que representa el momento en el cual queremos hacer un borrón y cuenta nueva de todo lo que nos ha sucedido para dejar atrás aquello que nos marcó, pero que de alguna forma también nos dañó y nos hizo cambiar de parecer en muchos aspectos.

En lo personal solía ser una persona que cuando le hacían algo malo, pagaba de igual manera con la misma moneda e inclusive el doble. Esto no solo me hacía igual a las otras personas, sino que me hacía peor que ellas. Este libro cambió mi vida por completo, porque me hizo *entendher* los procesos de sanación y lo mucho que duelen; comprendí que la vida se trata de aprender cada día y que los procesos son lentos y en ocasiones muy dolorosos, porque nos marcan una y otra vez; de ellos aprendemos las grandes lecciones de la vida.

En uno de los capítulos les fui mencionando situaciones que nos ocurren incluso cuando éramos solo unos niños o niñas. Si alguna vez te quemaste las manos con aceite, entendiste con claridad que estar muy cerca del sartén quemaba y poco a poco fuiste aprendiendo que debes mantener tu límite de cercanía con este líquido. Con seguridad fue un proceso doloroso, desde un punto de vista físico, pero comprendiste que no debías acercarte demasiado a la sartén. Los sucesos que nos ocurren siendo niños nos acostumbran a que el dolor es algo malo, sin embargo, me atrevería a decir bajo lo que he vivido, que el dolor es algo natural de la vida. Sentir dolor es parte de estar vivo, de lo contrario seríamos seres sin capacidad de sentir y eso sería casi como estar muerto en vida.

Pero el dolor debe ser pasajero, no debe ser permanente, a ninguno de nosotros nos gusta quemarnos con aceite caliente y hacerlo una y otra vez, sería considerado una brutalidad, ¿cierto? Sin embargo, a lo largo de todo este hermoso libro, se refleja la realidad en la que vivimos y no de la que pretendemos que vivimos. Somos seres que vuelven una y otra vez a lo mismo, pero no te sientas culpable, lo hacemos por un motivo. Lo importante es que obtengamos toda la enseñanza posible en cada proceso y que en cada ir y venir, es preferible presentarnos como una persona renovada y no como una versión peor que la anterior.

Este libro te guiará y se centrará en ti las veces que creas necesario, se centrará en tus defectos, en tus carencias, para que puedas ir mejorándolas de acuerdo a adiestramientos personales y propios de tu ser. En este libro nos hemos centrado casi de una manera excesiva en el «yo soy», «yo quiero», «yo puedo», «yo era», «yo fui» y «hoy soy yo».

Es un momento clave para ir cerrando ciclos; cuando finalices este libro debes dejar atrás todo aquello que no te sume en tu vida, todo aquello que te haga daño, todo aquello que no te edifique. El aquí es la vida y está todo permitido; estamos aquí para aprender, pero por sobre todo para vivir una vida como tú elijas vivirla. Si te encuentras a gusto bebiendo alcohol pues esfuérzate, planifica y bebe alcohol tan pronto puedas, pero vive una vida plena y se feliz. Si te encantan las mujeres o los hombres, pues esfuérzate, junta dinero, recorre todos los prostíbulos de la ciudad, pero vive una vida plena y feliz. Si encuentras placentero realizar deportes pues levántate y ve y has deporte: corre, salta, juega en algún equipo o de forma individual, pero vive una vida plena y feliz.

Si ya finalizaste este libro te aseguro que ya no serás la misma persona que al principio, pero te recomiendo que seas un lector consecuente con el libro, léelo hasta el final una y otra vez hasta que lo estimes necesario y lo internalices, esto es un regalo para ti, sea cual sea la procedencia desde donde me estés leyendo, este regalo es todo tuyo, llegó a tus manos por algún motivo, independiente del título que tiene, o de lo que intuías sobre la temática. Léelo hasta el final, no lo cierres, quédate aquí, no conmigo, más bien quédate contigo, centrado en ti y en lo que quieres tú.

Uno de los principales focos es lo que estás buscando tú que es el amor, lo que todos anhelamos en la profundidad de nuestro interior porque es aquello que nos permitirá abrir paso para conocernos. Esto es el principio del fin, tan básico como la muerte que se produce en cada una de las vidas que dejamos detrás, ya que por cada oscuridad hay luz y por cada mañana hay una noche. Aquí puedes comenzar y terminar a la vez y es lo que marca un cambio en ti. Con franqueza te diré que al comienzo costará un poco, algunos más, otros menos, no podría decirte con exactitud cómo es el proceso de luto amoroso. Hay personas que demoran más que otras; existen casos donde el luto amoroso dura un día y en otros dura dos años y con esto no quiero desanimarte porque esto dependerá solo de ti. Este libro no es una guía en absoluto, más bien es una recopilación de vivencias similares a las que vives tú día a día y de las que tanto nos cuesta hablar.

El proceso de evolución no es evidente a tus ojos, aunque sí es notorio ante los demás. Cuando estás evolucionando comienzas a cuestionarte y a preguntarte: ¿cuándo comenzaré a mejorar?, ¿por qué aun siento lo mismo? Y es en ese entonces cuando comienzas a cuestionar que quieres ver tus mejoras; aquí es cuando comienzas a escucharte porque los sentimientos no se van, no te estás convirtiendo en una «roca», muy por el contrario, te estás convirtiendo en un ser de luz.

El proceso conlleva mucho llanto, el cual debes soltar, y debes mantenerte en calma pues debes confiar en las leyes del universo, ya que entre millones de personas que podrían estar aquí, estamos nosotros y no por alguna razón vana, sino por algo hermoso. Te diré que la ciencia y los astrónomos nos quieren hacer ver como seres insignificantes, pequeños, diminutos, mostrándonos la inmensidad del universo y de las constelaciones. Si fuéramos tan diminutos ya nos hubieran extinguido, ¡más seguimos con vida! Tu verdad también cuenta y tu universo es impresionante, es solo que crecimos marcados por patrones desde pequeños.

En la Edad Media, los niños trabajaban desde los doce años. En Chile en el tiempo del salitre que se extraía de la tierra, había niños de nueve años explotados trabajando, sin nombrar la fatal Segunda Guerra Mundial donde a los infantes los hacían trabajar limpiando máquinas porque sus dedos eran más pequeños. De esa sociedad marcada de dolor es de dónde venimos. Hoy en día estamos avanzando, aunque todos digan que «antes las cosas eran mejores» eso es una gran mentira. Todo evoluciona, toda mejora, y estamos en una época en la cual las personas ya están aprendiendo que las antiguas doctrinas, como las religiones y las creencias vanas de la familia perfecta, la casa, los hijos, el auto y la vida que todos desean, es la correcta. Les debemos esto a nuestros ancestros quienes jamás tuvieron la oportunidad que tú tienes hoy en día de poder aprender, de estudiar, de escribir y de expresar lo que sientes. No nos olvidemos que en la década de los sesenta nos mataban o condenaban por expresarnos, hoy en día ya estás conociendo el camino real, no aquel que te contaron, sino el que tú decides, tu felicidad.

La cual *No se trata de otra estúpida historia de amor.*